文化上海 · 典藏

上海出土文物精品选

上海市文化广播影视管理局
上海 市 文 物 局 编

上海古籍出版社

文化上海·典藏

上海出土文物精品选

编纂委员会

委　员

胡劲军　滕俊杰　沈卫星　王　玮　王小明
贝兆健　褚晓波　张　哲　杨志刚

执行编纂

李孔三　周丽娟　宋　建　陈　杰
翟　杨　何继英　陈　凌

前　言

　　上海是一个现代化的国际大都市。在很多人的眼中，它是一个新兴城市，只是从1840年鸦片战争以后，才由小渔村逐渐发展而来的。然而考古发现证明上海的历史已经有6000多年。上海地区的出土文物不仅追溯了从新石器时代至历史时期上海地区的发展历程，而且还彰显了上海古代文明孕育、产生、鼎盛的精神内涵和文化意义。

一

　　距今6000多年前，随着上海的西部地区逐渐转变为适宜人类居住的淡水湖沼环境，来自太湖西部山麓地带的先民也逐渐迁居至此，成为上海最早的开拓者，从而揭开了上海地区文明史的序幕。从距今6000多年开始到距今约3200年，是上海地区的史前时期，它大致经历了马家浜文化、崧泽文化、良渚文化、钱山漾文化、广富林文化和马桥文化六大阶段，前五个阶段都属于新石器时代文化，而马桥文化相当于中原地区的夏商时期，属于早期青铜文化，但是因为缺乏充分的文献资料，一般也将之归为史前时期。

　　由于缺乏文献记载，考古发掘和研究成为了解史前文化最重要的手段之一。

　　首先，考古出土文物是史前技术发展史的重要实证。以陶器制作工艺为例，先民将陶土制作成坯体，然后经过烧制产生一些物理性能的改变，包括增加强度、硬化及固定形状等。马家浜文化时期的陶器大多采用泥条盘筑方法制作，一些夹砂陶釜的内壁常常能发现明显的盘筑痕迹。陶器烧制或采用平地堆材烧陶的方式，或利用简易的陶窑进行烧造，所以一般陶器的烧造温度不高。这种烧造方式，使陶器处于氧化焰的环境中，所以马家浜文化的陶器陶色基本为红色。崧泽文化时期的先民改进了陶器制作工艺，他们采用还原焰的烧陶技术，从而使陶色呈现为灰色和黑色。良渚文化时期，陶工已经能够熟练地运用轮制成型再加整修的方法，制作成品的陶器器形规整，胎壁厚薄均匀，显示了高超的制陶技巧。从钱山漾文化开始，陶器中出现了少量烧造温度较高的硬陶，这种陶器表面常常拍印有各式纹样。软陶与硬陶的分化，是窑业技术的巨大进步，它反映了陶工对于胎土、窑温等控制水平的提高。到了马桥文化时期，硬陶的使用更加普遍，同时还发现了少量的原始瓷残片。原始瓷的发明，既增强了器物观赏性，又增加了器物表面的光洁度，进一步降低了吸水率，它是陶瓷制作技术的重要突破。

　　再以石器生产为例。马家浜文化时期，石器主要有各类石斧，其制作也略显简单，一般器体比较厚重。到了崧泽文化晚期，石器的种类逐渐丰富起来，一些新的器形如三角形石犁开始出现。良渚文化时期，石质工具的种类更多，一些新的器型得到广泛应用，如石犁、石镰、耘田器、斜柄石刀等。此外，工具的制作更加精致和科学。从马家浜文化到良渚文化石器制作水平的不断提高，它不只是代表了石器工艺的进步，更重要的是反映了史前先民农业生产方式的变革。比如石犁的发明，说明原始农业开始进入了犁耕阶段，大大提高了劳动效率。良渚文化时期，农业工具不但品种多样，而且基本可以配套使用于稻作农业生产的各个环节。农业生产方式的变革为早期文明的发展提供了重要的经济基础。

　　其次，考古出土文物是史前原始艺术的重要载体。在长期的实践活动中，史前先民把个体对于世界的体验和感知也融入到了生产中。如果认真审视考古出土文物，我们可以发现许多蕴藏在器物之中的原始而朴素的审美情趣。再以陶器为例，即使简单如马家浜文化的夹砂红陶釜，在制作过程中，陶工也会不厌其烦地通过盘筑、拍打，尽力取得完美效果。到了崧泽文化时期，先民已经开始能够利用娴熟的陶艺技术，在日常生活使用的陶器制作中悄然地释放着个性化的审美体验。比如像生陶器是崧泽文化陶器的特色之一，猪形陶匜、鳖形扁壶等，摹写了日常生活的动物形象，造型自然。崧泽文化陶器上常常使用刻划纹、剔刻纹和镂孔等作为装饰。以竹编纹陶罐为代表，罐的上腹部刻划一周由22个单元组成的竹编纹，陶工通过纹饰规律性的重复，体现出单一元素的重复美、秩序感。再如寺前村遗址出土的镂孔双层陶壶，陶壶分为内外两层，陶壶的内层起到实际的功能作用，而壶的外层主要是为了增加装饰的效果。这件陶壶说明崧泽文化的先民已经开始摆脱陶器制作功能上的需求，开始了独立的艺术创作。良渚文化的陶器制作更加精致，除了讲究器物造型外，一些重要的陶器表面都会刻画繁复的细刻纹，纹饰主要有蟠螭纹、云雷纹、变形的鸟纹等，体现了良渚文化特殊的意识观念。

再次，考古出土文物还是研究先民精神文化的最重要的线索。以福泉山遗址福泉山墓地9号墓出土神人兽面纹玉琮为例，除了精美的玉材、精湛的工艺外，最引人瞩目的就是雕琢于玉琮表面的纹饰。玉琮以四角线为中轴刻琢上下两节纹饰，上节由两个圆圈和一个凸横档，组成一个带冠的神脸，下节由椭圆形的眼睑、桥形的额和凸横档的鼻组成兽面，上下两节共同组成一个神人兽面的纹饰。这种纹样在福泉山遗址吴家场墓地207号墓出土的象牙权杖上表现更为完整。象牙权杖以转折处为中轴线，用浅浮雕方式细致地表现出神人兽面纹的主题，纹饰的上半部为头戴羽冠的神人，羽冠呈高耸宽大的放射状弓形，脸庞呈倒梯形。目前大多数学者认为这类神人兽面纹与神崇拜有着密切的关系。此外，在良渚文化玉琮、象牙权杖、陶器等器物表面上还常常可以发现装饰有鸟纹。在原始先民的思维中，鸟能够自由飞翔于天空，通过对鸟的崇拜，能够借助它的神力，达到沟通神灵的目的。

最后，考古出土文物可以为研究社会变化如社会阶层分化、文化变迁等提供重要的证据。根据上海地区的考古发现，在马家浜文化和崧泽文化时期，社会分化现象尚不明显。到了良渚文化时期，伴随着社会财富的不断积累，社会阶层分化，形成了拥有特殊权力的权贵阶层。社会分化的现象明显地体现在对于死者的处置方式上。良渚文化的平民一般被埋葬在平地，随葬品较少且以陶器为主；而良渚社会的权贵则被埋葬于专门修筑的高台墓地上，随葬品较多且多为精美的玉器。以福泉山遗址福泉山墓地65号墓为例，墓葬共随葬石、玉和陶器128件，其中仅玉就有117件，重要器物有2件玉琮，1套由端饰、玉钺、玉镦组成的权杖，这些精美玉器显示出墓主生前的富贵与权势。

出土文物风格的变化往往反映了其所代表的文化变迁的过程。近年来根据松江广富林遗址考古发现，获得了"广富林文化"的考古命名。广富林文化的陶器表面一般装饰有压印的绳纹、篮纹、方格纹和不同图案的刻划纹饰等。广富林文化最重要的炊器是侧装三角足的夹砂灰陶鼎。储存器和盛食器有大型的夹砂陶瓮、泥质陶罐、豆和盆等。这些新的文化因素，都在本地传统中找不到来源，应是外来文化影响下的产物，其来源可能是黄河中下游地区。

二

上海地区历史时期的文化遗存非常丰富，春秋晚期

青铜器，唐、五代时期越窑、长沙窑瓷器，宋、元时期景德镇窑、龙泉窑瓷器及同时期金银器，明、清墓葬精美陪葬品，这些都体现了当时社会的富庶与江南文化的特点。

在松江广富林、凤凰山骆驼墩遗址出土了春秋晚期青铜兽面纹尊、青铜棘刺纹尊、青铜镶嵌棘刺纹尊等礼器，淀山湖水下遗址还出水了青铜勾鑃等乐器。这些青铜器上装饰了富有吴、越文化特色的棘刺纹和锯齿纹，属于吴、越文化的青铜器。战国晚期，随着楚国灭亡越国，上海地区出现了楚文化因素的器物，青浦区福泉山遗址1号战国墓出土的青玉兽面谷纹璧，在玉质和纹饰上都具有楚文化系统玉器的特点。

汉代的上海，人口数量增加，青浦区重固镇福泉山汉墓群共清理了96座汉墓，是上海地区考古发现规模最大，分布最密集的墓葬群。松江广富林遗址规模宏大，出土了高规格的绳纹砖、瓦等建筑构件，显示出早期城镇的雏形。

以唐天宝十载（751）设立华亭县为标志，上海地区唐、宋时期的城镇发展进入了新阶段，青龙镇是这一时期的代表性城镇。

青龙镇，位于吴淞江下游的沪渎口，是上海地区最早的贸易港口。近几年的考古勘探和发掘表明，青龙镇遗址保存完好、遗迹丰富，发现了建筑基址、冶炼作坊和水井等遗迹。作为贸易市镇，遗址中出土的瓷器来自于南方和北方许多地区的窑场，主要有唐代越窑、长沙窑，宋代江西景德镇窑、吉安吉州窑、浙江龙泉窑，福建闽清义窑、福清东张窑和建阳建窑等。其中，闽清义窑青白瓷器等贸易瓷器的大量出土表明青龙镇遗址在陶瓷贸易链上的重要地位。

福泉山遗址129号墓出土的北宋越窑青釉刻划花莲瓣纹盖罐，盖似荷花，莲瓣宽大肥厚，风格豪放。青浦区大盈镇寺前村宋井中出土了4件南宋晚期龙泉窑瓷器：青釉鬲式炉，造型仿商代青铜鬲，古朴典雅；青釉瓜棱形执壶，稳重大方；青釉长颈瓶，修长挺拔。这些龙泉窑瓷器釉层肥厚，釉面温润如玉，造型比例适度，代表了龙泉窑高超的瓷器烧造水平。

宝山区月浦镇南宋谭思通家族墓出土的金摩羯耳坠、金卧狮链等像生形首饰，小巧生动；银鎏金鸳鸯衔荷纹帔坠，构图繁复，杂而不乱。同时代的谭伯龙夫妇墓出土的金累丝龙首海棠形镂空簪，工艺更为精细，龙头、颚和颈等部件用细金丝、小金片制作而成，再用小金圈累丝平铺填空，海棠形框架焊接的簪脚玲珑剔透。这些贵重金银器是南宋士大夫阶层奢华生活的写照，同时也反映出当时精湛的金银器制作工艺。江南地区在南宋时期的金银器制作传统对元代金银器的制作产生了重要影响。

据史书记载，元代著名水利专家任仁发曾经主持治理吴淞江水患。2001年发现的志丹苑元代水闸遗址或许就是当时建造的。水闸依据《营造法式》建造，总面积约1500平方米，用材精良考究，工艺精湛，气势恢弘，

被评为2006年中国十大考古新发现。

任仁发的家族墓地位于青浦区重固镇新丰村高家台，墓地中随葬着70多件珍贵文物，如瓶座仿元代鼓墩类家具的景德镇窑卵白釉带座戟耳瓶，是研究元代家具样式的珍贵资料。与故宫博物院馆藏"太禧"铭卵白釉印花云龙八宝盘风格一致的典型的枢府瓷景德镇窑卵白釉印花云龙纹高足碗，可能来自宫廷赏赐。墓地出土的罟罟冠饰、帽花和项链等饰件镶嵌有绿松石、青金石、珍珠和珊瑚等名贵宝石，具有蒙古贵族首饰特点。

上海电视大学（现上海开放大学）松江分校发现的储存在釉陶罐内，用金箔包裹的簪、耳环、梳背和手镯等9件金饰件，是元代晚期窖藏金器的重要发现。

明代，上海成为全国棉纺织业中心，不仅享有"衣被天下"的美誉，更凭借便利的航运条件成为"江南之通津，东南之都会"。明代墓主人常将生前珍爱的物品随葬，因此，从这些随葬品的审美价值和文化取向上就能透析墓主人生前的个人喜好及当时的社会风尚。

金银首饰是明墓主要的随葬品，有分心、簪、耳环、发罩、戒指、帔坠和钮扣等，多采用镶玉嵌宝等制作工艺，如李惠利中学明墓出土的银丝发罩上插满了近20件各式分心、花钿和金、银簪、插等首饰，这些是研究明代妇女头饰插戴方式的珍贵资料。

玉器也是主要随葬品，顾从礼家族墓内的玉器种类繁多，用料上乘，工艺精湛，具有明代晚期高水平苏作玉器气息。

上海地区明墓中还出土了反映文人书斋生活的文房和香具。宝山区顾村朱守城墓出土的文房用品选料讲究、造型秀美，是明代晚期苏作家具的珍贵实物，竹雕刘阮入天台香筒更是目前唯一可以确认为嘉定竹刻名家朱缨制作的作品。黄浦区丽园路明代朱氏家族墓出土的玉、铜、木、石质等不同材质的印章九方，印主为朱豹及其子朱察卿，用印形制风格多样，是研究石印材普遍应用年代和篆刻边款演化的重要资料。

上海地区明墓内不仅随葬有汉、唐、宋、金等前朝器物，以及对前朝器物改制，或再与其他器物重新组合的器物，更有仿制战汉、唐、宋时期的器物，这在其他地区比较少见。

藏古、用古和仿古器物作为墓主人随葬品，折射出明代上海地区文人士大夫阶层中盛行的尚古的社会风尚。

三

上海地区考古的另一大亮点，是在修缮古经幢和古塔时，发现和出土了一大批珍贵的佛教文物，包括造像、舍利塔、舍利子、法器、经卷、碑刻和金、银、玉、水晶、玛瑙、琉璃、珊瑚饰件及钱币等等，是佛家弟子、善男信女在建造、修葺古塔时出于虔诚之心，有的花钱定做佛像，有的将自己随身佩戴或珍藏的心爱之物或贵重财宝作为七宝施舍到塔内，以保佑家人去病消灾，健康长寿，平安幸福。透过这一件件实物，可以感受到千百年来上海佛教文化发展的历史进程，以及当时金铜玉石等手工业的发展、商品经济的繁盛及社会的繁华。

松江唐代石经幢，是上海保存最早的地面建筑，挺拔的造型，精美的佛、菩萨、天王、龙、狮等图案，展示了唐代上海佛教建筑艺术的高度成就。地基中出土的3尊石造像，尽管头部缺失，但丰满的躯体，婉转流畅的衣褶，尽显唐代造像的大气和高雅。

松江宋代兴圣教寺塔，塔身保存宋代原物木斗拱111朵，这在全国古塔中是比较少见的。地宫内的1尊铜泗洲大圣（僧伽）像，供奉在汉白玉石函盖上，这样的置放形式在全国古塔中仅此一例。函内还侧卧着一尊青铜铸造、圆雕神态安详的释迦牟尼佛涅槃像，可谓罕见，有别于国内已发现的壁画、线刻、泥塑的释迦涅槃像。

嘉定元代法华塔地宫装藏的3件石函，盖面分别为凤穿牡丹、二龙戏珠、双狮滚绣球图案，代表了元代高浮雕水平。函内装藏的10多件金元时期玉、玛瑙、水晶舞人、猴、鱼、鹅、羊距骨、鸳鸯、蝉等饰件，精致小巧，形态逼真，几乎件件都是精品。

青浦泖塔，始建于唐代，顶层曾挂灯作为船只往来的航标。1998年初，经国际航标协会理事会批准，泖塔领衔的5座中国历史文物灯塔跻身世界历史文物灯塔100强。天宫内3尊按照佛教造像典籍仪轨精工铸造的明代铜鎏金观音、普贤、文殊菩萨像，分坐于吼狮、大象、狮子背上，坐姿优雅，神情温婉，仪容端庄秀丽。

松江李塔，传为唐太宗的儿子曹王李明为苏州刺史时建造，故以姓名塔。地宫装藏的铜鎏金阿育王塔，尽管出土时锈迹斑驳，亦难掩昔日之金光灼灼，塔身四面分别镂雕萨埵太子舍身饲虎本生、尸毗王割肉贸鸽本生、快目王舍眼本生、月光王施首本生图。10多尊银鎏金佛造像，从发愿文确定由本土匠人制作，"洪武二十一年""云间"匠人打作了地藏菩萨像。

松江明代圆应塔，在地宫、天宫及塔刹宝珠内，装藏佛教造像、七宝等供奉品1000多件，数量之大，品种之繁，在上海乃至全国的塔宫中实属罕见。在100多尊造像中，有服饰、体型极具藏式造像仪轨的元代青田石佛像、铜鎏金祖师像，无疑为藏传佛教在江南地区的传播提供了实证。尤其是有上百尊银片打作的佛、菩萨、天王造像等，同李塔发现的银造像风格一致。这类造像，国内几乎不见，而在上海地区从明代洪武、正统、天顺年间，至清代道光、光绪朝漫长的500年时间内，一直绵延，且一脉相承，形成了鲜明的地方特点。尽管这是一批缺乏内在精神气质和感人艺术魅力的世俗化造像，但却是土生土长的，给上海明清佛教造像带来了新的生机和活力。另值得书写一笔的是发现的象征七宝的玉、水晶、玛瑙等饰品有上千件之多，其中不乏精雕细琢、风格典雅的精品。一件4000多年前的良渚文化玉璧及部分宋代玉器，也许上海至明初已有经营、收藏古玉的古董商。玉鹘掠天鹅饰、玉羊距骨等，是辽金北方游牧民族的典型器物，极有可能是随蒙古人南下带到上海地区的。

一个城市的精神根植于它的历史文脉之中。考古出土文物就如历史长河中闪耀的明珠，记录着上海城市发展的沧桑岁月，同时它们也串联起关于这座城市的记忆。6000多年来的文物展现出的开拓创新、海纳百川的精神，精致典雅、雍容富贵的文化气质，已经成为上海所特有的文化个性。守护过去的辉煌、尊重历史传统，未来上海的发展将更具历史内涵和文化底蕴。

目 录

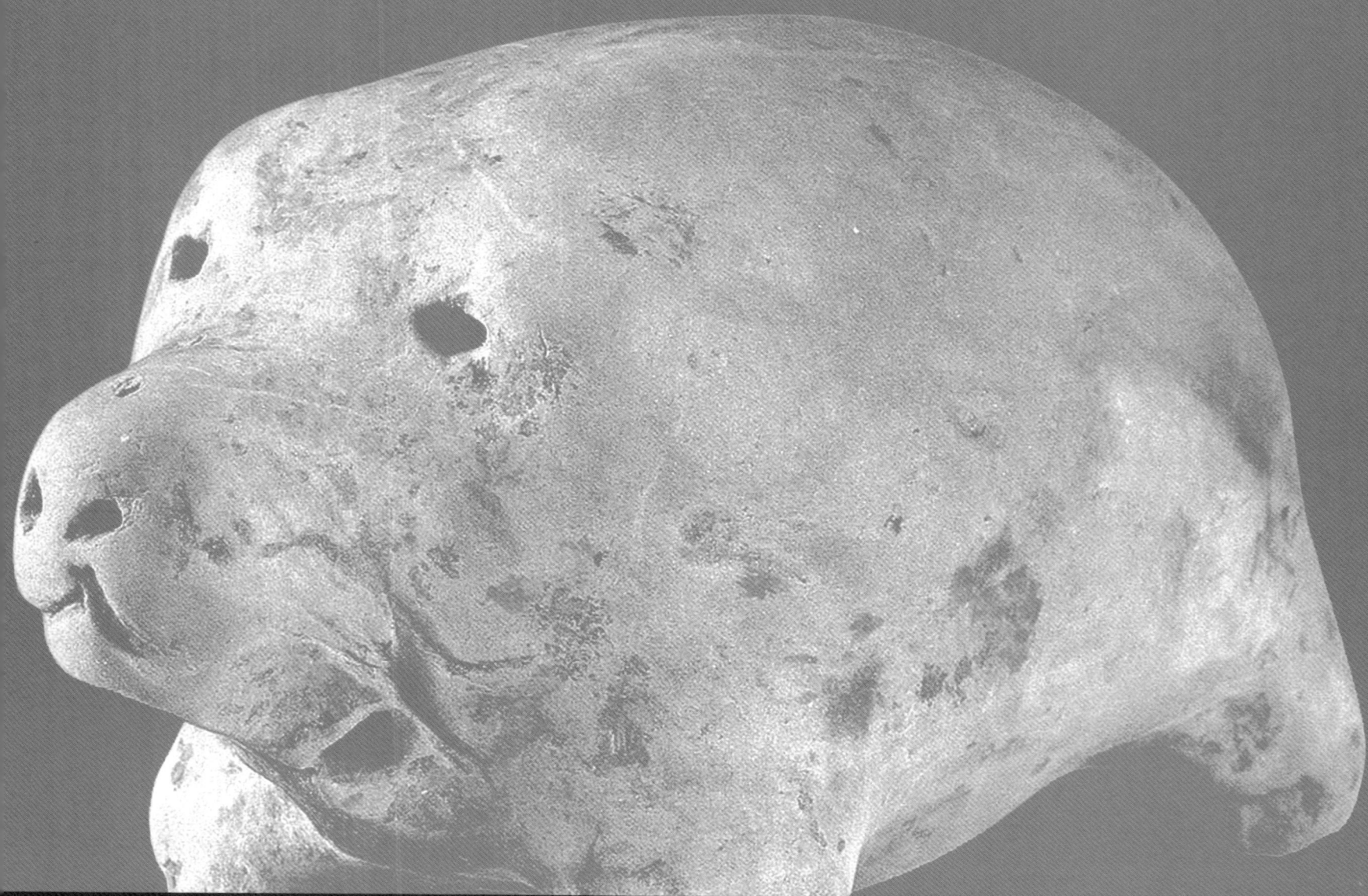

崧泽遗址

崧泽遗址位于上海市青浦区赵巷镇崧泽村，遗址面积约 15 万平方米，1957 年发现以来经过多次发掘，清理崧泽文化时期墓葬 143 座、祭祀遗迹 1 处，是崧泽文化的命名地。崧泽遗址中的重要发现包括"上海第一人"、中国年代最早的水井、上海最早的炭化栽培稻、家猪骨骼等。

崧泽遗址 2013 年公布为全国重点文物保护单位，2014 年崧泽遗址博物馆建成并开放。

双耳宽檐陶釜

双耳宽檐陶釜

BC6000	BC5000	BC4000	BC3000	BC2000	BC1000	AD	AD1000	AD2000

马家浜文化（距今约 7000 — 6000 年）

■ 1976 年青浦区崧泽遗址出土
高 30 厘米，口径 24 厘米

■ 夹砂红陶。大口折沿，弧肩，深腹斜收，平底，肩部有两个对称的扁方形附耳，附耳以下有一圈锯齿形宽檐，以便架设于土灶上。马家浜文化的陶釜一般使用泥条盘筑法制作，即将原料搓成匀称的泥条，一圈一圈由下而上盘筑，陶胎未干时拍刮成型，然后烧制。此釜内壁还可见明显盘筑痕，附耳和宽檐为捏成后粘贴在器身上。

宽檐筒形陶釜

马家浜文化（距今约 7000 — 6000 年）

- 1976 年青浦区崧泽遗址出土
  高 27 厘米，口径 18.1 厘米

- 夹砂红褐陶。侈口，直筒形深腹，肩部有宽檐，圜底，器腹有烟炱等火烧痕迹。陶釜是马家浜文化先民的主要炊煮用具，通常与陶支脚、灶等配合使用。此釜出土时腹内还留有许多呈焦黑状的动物骨骼，可能是烹煮过度造成。

宽檐筒形陶釜

牛鼻耳陶罐

4

牛鼻耳陶罐

BC6000	BC5000	BC4000	BC3000	BC2000	BC1000	AD	AD1000	AD2000

马家浜文化（距今约 7000 — 6000 年）

▧ 2004 年青浦区崧泽遗址 26 号灰坑出土
高 35.8 厘米，口径 20.7 厘米

▧ 夹砂灰褐陶。撇口，高颈，鼓肩，斜腹，平底。肩、腹部分别附三个未穿透的牛鼻耳并饰五道凸弦纹。陶罐是新石器时代常见的盛贮器，但是此陶罐腹壁上还有被火烤过的黑色烟炱，可能还兼有炊器的功能。

双耳陶盆

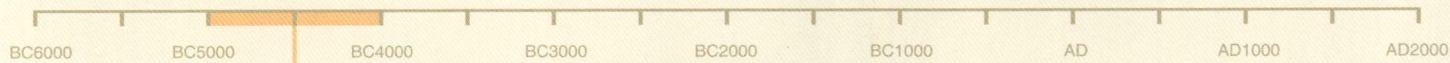

BC6000　　BC5000　　BC4000　　BC3000　　BC2000　　BC1000　　AD　　AD1000　　AD2000

马家浜文化（距今约 7000 — 6000 年）

■ 1987 年青浦区崧泽遗址出土
高 15.2 厘米，口径 31.8 厘米

■ 泥质红陶。敞口，深圆腹，圈底近平，肩腹部有鸡冠形扁耳，便于双手拿起，兼有美观和实用功能。马家浜文化先民陶器烧制可能采用平地堆材烧陶的方式，或利用简易的陶窑进行烧造。采用这种烧陶技术，燃料可在氧气充足的情况下达到完全燃烧，成为氧化焰。陶土经氧化焰焙烧后，原料中的一些着色元素如铁等转化为高价铁，从而使陶器呈现出红色。

双耳陶盆

双耳陶盆

家猪陶塑

家猪陶塑

| BC6000 | BC5000 | BC4000 | BC3000 | BC2000 | BC1000 | AD | AD1000 | AD2000 |

马家浜文化（距今约 7000 — 6000 年）

■ 2004 年青浦区崧泽遗址 1 号沟出土
高 4.9 厘米，长 8.1 厘米，宽 4.6 厘米

■ 陶猪身躯肥硕，嘴部前拱短促，腹部圆滚下坠，四腿粗短，野猪的特征荡然无存，显示了驯养的进化。陶猪的体表还附着少许朱红色，应是当时彩色剥落所致。猪由于便于饲养、发育快、繁殖力强，是最早被人类驯化的动物之一。中国已知最早发现的家猪证据，距今已有 8500 年的历史。这件家猪陶塑说明经过长时间的驯化，猪的形态已经发生了很大变化，从而证明人类驯化、改良动物的能力有了长足的进步。

凸弧刃石斧

BC6000　BC5000　BC4000　BC3000　BC2000　BC1000　AD　AD1000　AD2000

马家浜文化（距今7000—6000年）

2004年青浦区崧泽遗址出土
高10厘米，刃宽6.9厘米

石斧在新石器时代有砍伐树木等多种用途。这件石斧器形厚重，弧顶，凸弧刃，钝锋，用管钻的技法穿孔。管钻法一般使用竹管，通过不断地加砂加水，竹管带动石英砂研磨成孔，双面管钻的器物上经常能观察到因对钻错缝留下的脊线。管钻法的发明，为后来石器、玉器制作工艺的提高创造了条件。

凸弧刃石斧

玉
玦

玉 玦

| BC6000 | BC5000 | BC4000 | BC3000 | BC2000 | BC1000 | AD | AD1000 | AD2000 |

马家浜文化（距今约7000—6000年）

■ 1976年青浦区崧泽遗址出土
直径 3.1 厘米

- -

■ "佩如环而有缺"谓为玦。根据考古的发现，玦饰很可能是起源于东亚北部。中国发现最早的玉玦出土于距今8000多年前的兴隆洼文化，其后玦在大陆由北而南徐徐扩散，又由大陆西而东向沿海的岛屿流传。这件玉玦用乳白色玉髓制作，环形，有一缺口，表面有磨制痕迹。

剔刺纹镂孔陶豆

BC6000　BC5000　BC4000　BC3000　BC2000　BC1000　AD　AD1000　AD2000

松泽文化（距今约6000—5400年）

■ 1976年青浦区崧泽遗址91号墓出土
高14.3厘米，口径22.9厘米

■ 泥质灰陶。豆盘呈盆形，敛口，折腹，腹较深，喇叭形圈足上端收缩成颈状。其下饰凹弦纹和密集的三角形剔刺纹并间夹圆形、弧边三角形镂孔组成的图案。整体造型生动俏丽。

剔刺纹镂孔陶豆

镂孔勾连纹陶豆

镂孔勾连纹陶豆

BC6000	BC5000	BC4000	BC3000	BC2000	BC1000	AD	AD1000	AD2000

崧泽文化（距今约6000—5400年）

■ 1961年青浦区崧泽遗址7号墓出土
高16.4厘米，口径18.4厘米

■ 泥质黑陶。直口内敛，浅盘，豆柄细高，上部饰瓦棱纹，下部饰镂孔和刻划的勾连纹。从镂孔中残留的泥胎碎屑看，镂孔和压划纹是在陶坯未干时施加的，瓦棱纹则是慢轮拉坯的痕迹。此豆整体制作规整，壁薄均匀，造型轻巧。陶工把勾连纹之间的空隙部分镂孔剔除，通过虚与实的结合，产生了一种轻巧、灵动的美感。此器器身上有红褐色彩绘，但大都已经脱落。

带盖竹编纹陶罐

| BC6000 | BC5000 | BC4000 | BC3000 | BC2000 | BC1000 | AD | AD1000 | AD2000 |

松泽文化（距今约6000—5400年）

1974年青浦区崧泽遗址59号墓出土

通高26.2厘米，口径15.2厘米

泥质黑陶。直口，鼓肩，口沿上有十二个小孔，每三孔为一组，对称排列可以穿绳缚盖。盖作浅盘形，圈足状捉手。器底是外撇的矮圈足。腹中部饰一周锯齿形堆纹，是上下两部分别作成后粘合的连接处。器体上腹部刻划一周由22个单元组成的竹编纹。竹编器是长江三角洲地区先民常用的器物，陶工在制陶过程中，把日常所见的实物抽象成几何图案刻划在陶罐之上，利用相同图形的不断重复，形成视觉效果上在空间中连续的延展、流动。

带盖竹编纹陶罐

刻槽陶盆

刻槽陶盆

| BC6000 | BC5000 | BC4000 | BC3000 | BC2000 | BC1000 | AD | AD1000 | AD2000 |

崧泽文化（距今约6000—5400年）

■ 1978年青浦区崧泽遗址99号墓出土
高13厘米，长30.7厘米

■ 泥质灰陶。直口，带流，折肩，斜腹，小平底，内底满刻凹槽。刻槽盆是中国新石器时代较为常见的一种陶器，其内壁刻划有深浅不一，或纵横交错，或呈放射状的沟槽。关于它的用途，考古学界主要有两种推测：一是作淘洗食物的用具，可将谷物中的沙粒沉嵌于器底的槽内，使稻米净化，称之为"澄滤器"。二或作研钵使用，认为刻槽盆使用时既可通过研磨达到谷物或果实去壳效果，也可将薯块等根茎食物在器内研磨成浆状，也称之为"擂钵"。

竹节形陶瓶

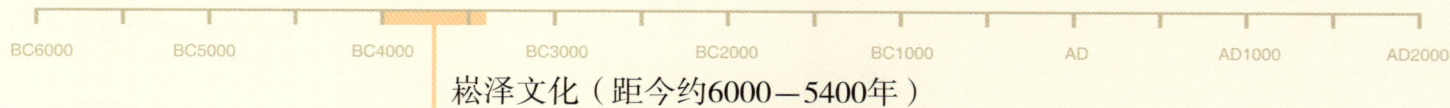

BC6000　　BC5000　　BC4000　　BC3000　　BC2000　　BC1000　　AD　　AD1000　　AD2000

崧泽文化（距今约6000—5400年）

■ 1961年青浦区崧泽遗址37号墓出土
高23.8厘米，口径8.6厘米

■ 泥质灰陶。形似同时期的陶瓿，侈口，颈略收，窄肩，腹部弧曲，平底微凹，削出三个扁方形矮足。器腹饰七周凸棱纹，宛若一段竹节。该器器型规整，造型生动、挺拔，是陶器中的珍品。

竹节形陶瓶

三口陶器

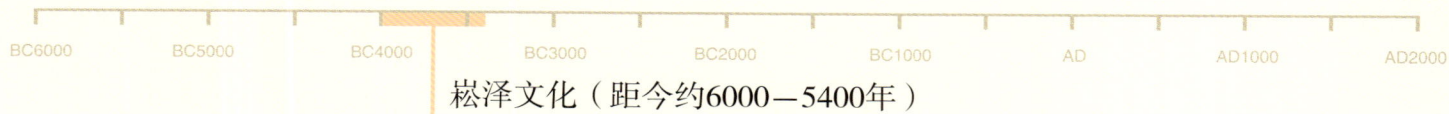

| BC6000 | BC5000 | BC4000 | BC3000 | BC2000 | BC1000 | AD | AD1000 | AD2000 |

崧泽文化（距今约6000—5400年）

■ 1960年青浦区崧泽遗址51号墓出土
高14.6厘米

■ 泥质灰陶。器形呈"品"字形三瓶相连，腹内贯通，平底，附三个扁足。中国新石器时代许多地区都发现有三口、双口或更多器、腹部相连的陶器，如马家窑文化的三联杯、仰韶文化的双腹杯等。目前，中国西部少数民族中还保留宴客咂酒的习俗，宴会时大家用竹管或青稞管一起在酒器中吸食咂酒。或许新石器时代的这类多联或多口的陶器也是某种仪式的特殊用器。

环弧形石斧

崧泽文化（距今约6000—5400年）

■ 1961 年青浦区崧泽遗址 13 号墓出土
高 12.3 厘米，刃宽 13.6 厘米

■ 花岗岩。体形扁薄，弧刃，孔径大。这件石斧的造型比较少见，其硬度远高于常用的石材，因此，打磨抛光的技术要求很高。大孔径一般来说不利于实际斧柄的捆扎，因此该器应该另有作礼仪器具或其他特殊用途。

环弧形石斧

猪形陶匜

16

猪形陶匜

| BC6000 | BC5000 | BC4000 | BC3000 | BC2000 | BC1000 | AD | AD1000 | AD2000 |

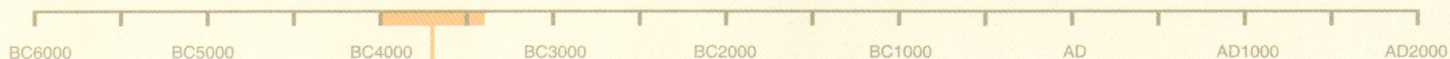

崧泽文化（距今约6000—5400年）

■ 1974年青浦区崧泽遗址52号墓出土
　高6.7厘米，长13.6厘米

■ 正置为一件水器，口微敛，有流，直腹，圈底。倒置为一猪首形陶塑，嘴、鼻、眼、耳五官齐全，嘴外伸为流，耳后有"S"纹一周，似乎表现耸起的鬃毛。整体造型简洁明快，虽然没有四肢的具体表达，却活现了一头肥猪的憨态。家猪的形态憨厚，性情较为温顺，在中国民俗中也成为象征吉祥、富足、安乐生活的重要文化元素。

18

带镦石斧

| BC6000 | BC5000 | BC4000 | BC3000 | BC2000 | BC1000 | AD | AD1000 | AD2000 |

崧泽文化（距今约6000—5400年）

1995 年青浦区崧泽遗址 136 号墓出土
石斧高 13.4 厘米，骨镦长 4.8 厘米

斧圆弧刃，顶略显弧凸，一对钻圆孔，表面经打磨。与石斧同出的还有一个骨镦。骨镦略呈梯形，底部向外鼓出，銎部呈椭圆形，两侧各有一孔，应为与斧柄连接时的插销孔，镦壁外刻装饰三周弦纹。这件带镦石斧的发现为了解史前石斧的装柄和使用方式提供了重要的参考证据。

半
璧
形
玉
璜

20

半璧形玉璜

| BC6000 | BC5000 | BC4000 | BC3000 | BC2000 | BC1000 | AD | AD1000 | AD2000 |

崧泽文化（距今约6000—5400年）

■ 1976年青浦区崧泽遗址91号墓出土
　长12.5厘米，宽4.8厘米，厚0.1厘米

■ 深绿色，局部间白斑。半璧形，器体扁薄，上端两侧各有一双面实心钻穿孔。玉璜一面平整光滑，一面遗留有
　明显的切割痕迹。采用线切割方法切割玉料留下的痕迹深切入器体，弧度大小不一。这一痕迹证明至少在距今
　五千多年前的崧泽文化时期中解剖玉料已经采用了线切割工艺。崧泽文化玉璜的形态多样，半璧形玉璜的特征
　是器体宽扁，内侧弧曲孔径较小。

鱼鸟形玉璜

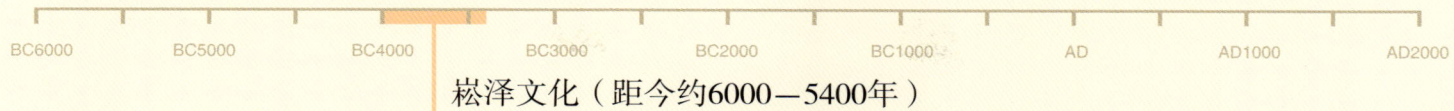

BC6000　　BC5000　　BC4000　　BC3000　　BC2000　　BC1000　　AD　　AD1000　　AD2000

崧泽文化（距今约6000—5400年）

■ 1974年青浦区崧泽遗址64号墓出土
长6.6厘米

■ 璜身颜色绿白相间。一端似鱼形，一端似鸟形。两端除各有一穿孔外，还各有一凹口，似鸟喙，似鱼嘴。璜是饰件，常出土于墓葬中死者胸前，一般在两端打孔，以便系绳佩戴。到了崧泽文化时期，璜数量猛增，为主要饰件且形制多样，一般认为是女性专用饰品。

21

鱼鸟形玉璜

福泉山遗址

福泉山遗址位于上海市青浦区重固镇西侧，于1962年发现。福泉山遗址因为遗址内的"福泉山"而命名。20世纪80年代，大规模的考古发掘证明福泉山主体是人工堆筑而成的高台墓地，其中发现的良渚文化贵族墓葬尤为珍贵，出土了大量的玉器、石器、陶器等文物，有象征神权的神人兽面纹玉琮、玉璧，象征王权的玉钺权杖和各类精美的玉质装饰品。2008年在福泉山高台北部新发现了良渚文化晚期贵族墓地——吴家场墓地。考古发掘充分证明福泉山遗址是上海地区良渚文化时期最重要的遗址，代表了当时上海地区的政治中心。

　　福泉山遗址2001年公布为全国重点文物保护单位。

折角足盆形陶鼎

BC6000　　BC5000　　BC4000　　BC3000　　BC2000　　BC1000　　AD　　AD1000　　AD2000

崧泽文化（距今约6000—5400年）

■ 1984年青浦区福泉山遗址出土
高36厘米，口径45厘米

■ 夹砂黄褐色陶。该器形制厚重庞大，宽沿外折，可以承盖。直壁深腹，上腹部装饰了密集弦纹，中部有一周绳纹，腹下部有一周凸棱，圜底，底部有明显的黑色烟炱痕迹。鼎足横剖面为直角曲尺形，足根饰细密的点线纹，中部以足背转折为对称，两侧各有一个圆形捺窝，整体图案形似兽面。与马家浜文化使用粗砂细石相比，崧泽文化夹砂陶器的羼和料基本成分由蚌壳屑和稻谷壳组成。

文化上海·典藏

24

折角足盆形陶鼎

带盖 T 形足陶甗

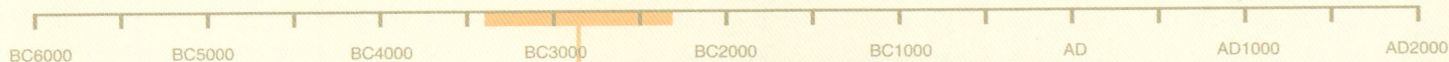

BC6000	BC5000	BC4000	BC3000	BC2000	BC1000	AD	AD1000	AD2000

良渚文化（距今约5400—4300年）

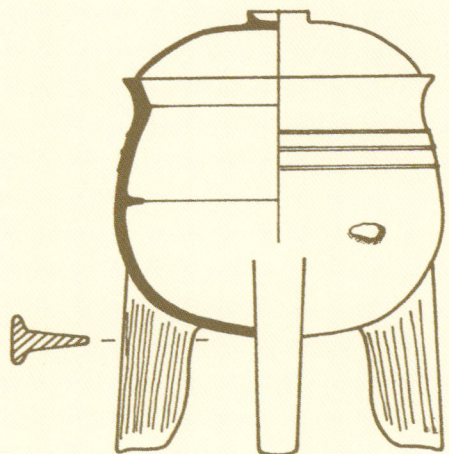

■ 1987 年青浦区福泉山遗址福泉山墓地 136 号墓出土
通高 24.5 厘米，口径 16.2 厘米

■ 夹砂红陶。肩部饰三周弦纹，器足呈T字形，足两侧刻划竖向条纹，器表被烟炱熏黑，是一件实用器。配有笠形盖，上有小圈足状捉手。此甗外表形态与鼎完全一样，只是器内中部凸出一圈宽棱，用来搁置箅。在凸棱下有一个注水孔，可以在蒸煮食物时不用揭盖注水。

禽鸟蟠螭纹陶豆

BC6000	BC5000	BC4000	BC3000	BC2000	BC1000	AD	AD1000	AD2000

良渚文化（距今约5400—4300年）

■ 1986年青浦区福泉山遗址福泉山墓地 101 号墓出土
高 18.8 厘米，口径 17.7 厘米

■ 泥质黑陶。敞口，折腹式豆盘，喇叭形高圈足，圈足上饰竹节纹。但罕见地在豆周身和盘内细刻一周花纹，刻工刚劲，线条清晰，有鸟纹和蟠螭纹两种不同的主题。鸟纹以三鸟作为一个单元，两边是两只侧面形象的鸟，鸟首相对，两鸟之间又有一只正面展开双翼的飞鸟。这两种不同的鸟身均填刻云纹与短直线。豆盘内外均刻有三鸟图案，圈足上以凸棱纹分隔，刻有六周三鸟图案。豆盘外与三鸟纹相间，还有螺旋盘卷的蟠螭纹。蟠螭身上也填刻云纹和短直线。

红黄彩镂孔陶豆

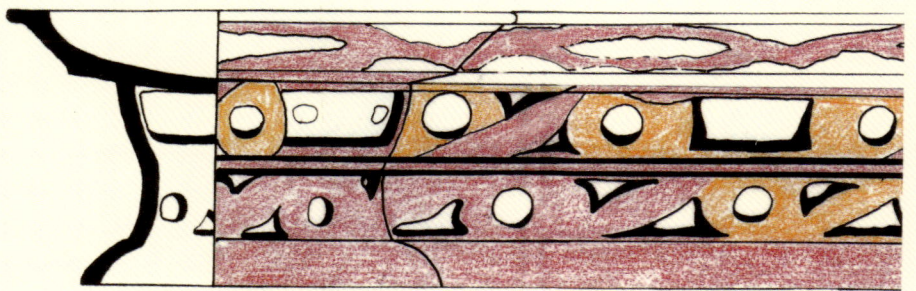

红黄彩镂孔陶豆

BC6000	BC5000	BC4000	BC3000	BC2000	BC1000	AD	AD1000	AD2000

良渚文化（距今约5400—4300年）

■ 1987年青浦区福泉山遗址福泉山墓地151号墓出土
高12.1厘米，口径21.4厘米

■ 泥质黑陶。盆形豆，敞口折腹，腹下有一周垂棱，粗高把，下端外撇呈喇叭形。把上节饰长方形大孔两个及圆形与弧边三角形组成的镂孔图案，下节饰圆形与弧边三角形组合镂孔一周，全器施红黄两色彩绘。

带盖细刻纹双阔把陶匜

带盖细刻纹双阔把陶匜

| BC6000 | BC5000 | BC4000 | BC3000 | BC2000 | BC1000 | AD | AD1000 | AD2000 |

良渚文化（距今约5400—4300年）

■ 2010年青浦区福泉山遗址吴家场墓地207号墓出土
高21.1厘米

■ 泥质黑陶。矮颈，宽流上翘，矮圈足。出土时置放在墓主脚后。器身两侧各有一个残留涂抹红色朱砂痕迹宽扁半环形阔把。器身残留纹饰较少，但流下的细刻鸟纹等图案完好。翘流盖，圈足状捉手，满刻条状纹及鸟纹。

带盖细刻纹双阔把陶匜

30

带盖细刻纹双阔把陶匜

BC6000	BC5000	BC4000	BC3000	BC2000	BC1000	AD	AD1000	AD2000

良渚文化（距今约5400—4300年）

■ 2010 年青浦区福泉山遗址吴家场墓地 207 墓出土
高 12 厘米

■ 泥质黑陶。矮颈，宽流上翘，矮圈足。腹两侧有两个宽环形把手，与流相对腹部有一小鋬。出土时有大小两件，形制基本相同。器身满饰成组的精致细刻鸟纹图案，流下则饰圆形刻纹，肩腹部饰有四周凸棱。造型犹如一只双翅扇动的肥鸭。使用时双手并捏，显得很稳当。

细刻纹阔把陶壶

细刻纹阔把陶壶

BC6000	BC5000	BC4000	BC3000	BC2000	BC1000	AD	AD1000	AD2000

良渚文化（距今约5400—4300年）

■ 1984年青浦区福泉山遗址福泉山墓地65号墓出土
高15厘米，腹径9.5厘米

■ 泥质黑陶。壶口前侧上翘成宽流，相对的另一侧为半环形阔把，阔把外壁有密集的圆条状纹，并有两小孔。壶身满刻精细花纹，流部是双翼展开的飞鸟正视形象，腹部的主题纹饰是数只图案化的飞鸟，鸟身填刻纵横相对的平行短线。壶身的地纹是线条纤细如发丝的折线纹，刻工精细不苟。此器胎薄、轻巧，是良渚文化阔把壶的精品。

彩陶背壶

彩陶背壶

| BC6000 | BC5000 | BC4000 | BC3000 | BC2000 | BC1000 | AD | AD1000 | AD2000 |

大汶口文化（距今约6100—4600年）

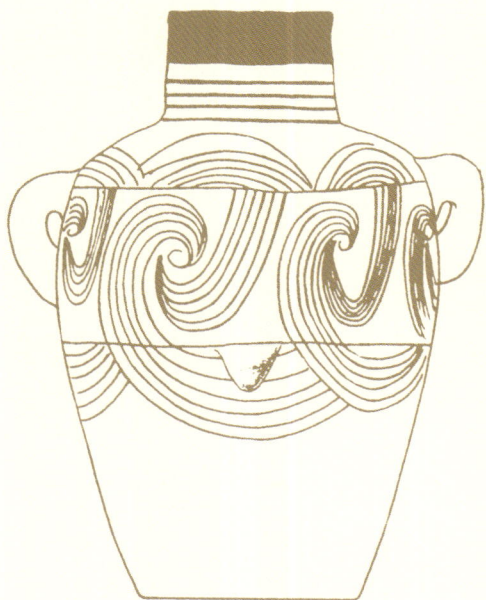

- 1984年青浦区福泉山遗址福泉山墓地67号墓出土
高30厘米，口径8.2厘米

- 泥质橘黄陶。直领，圆肩，平底。器身横截面接近半圆形，一面缓平，一面圆鼓，鼓腹一面中部捏塑一个鸟喙形钮。肩部有一对偏向一侧的半环形耳，两耳靠近的一面腹壁平直。器表以淡黄色彩作底，颈部绘一周红褐色的宽带纹与四道平行弦纹，器身绘旋涡形图案。这件陶背壶是目前长江三角洲地区考古出土的唯一一件，它应是从黄河下游大汶口文化输入的器物，代表了当时两地之间文化的交流和影响。

红彩高柄盖陶罐

BC6000　　BC5000　　BC4000　　BC3000　　BC2000　　BC1000　　AD　　AD1000　　AD2000

良渚文化（距今约5400—4300年）

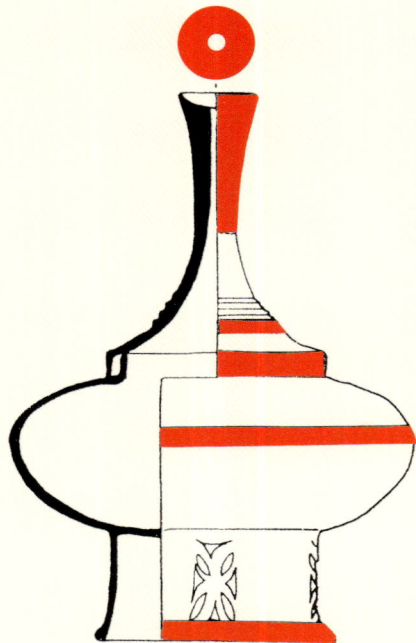

■ 1984年青浦区福泉山遗址福泉山墓地 101 号墓出土
高 23.1 厘米，口径 16.6 厘米

■ 泥质黑陶。直口，广圆肩，扁圆腹，高圈足。罐口上覆一细长的高柄盖，中间有一上下贯通的直孔，中段内弧，下部饰三道凸弦纹和镂孔。豆柄下端扩展成喇叭形，精巧秀丽。圈足上饰三组由弧线三角形与椭圆形镂孔组合的图案。整体彩绘多道红褐色宽带纹。

大孔石斧

良渚文化（距今约5400—4300年）

■ 1982 年青浦区福泉山遗址福泉山墓地 9 号墓出土
高 21.9 厘米，刃宽 15.8 厘米

■ 石英角砾岩，黄褐色间杂。形体厚实，圆弧刃，两端为圆形拐角，斧背略显弧凸，斧身上部穿一圆形大孔，系采用两面对钻技术，孔内有明显的钻磨痕迹。石斧打磨后经抛光处理，表面光滑。

大孔石斧

红彩有肩石钺

| BC6000 | BC5000 | BC4000 | BC3000 | BC2000 | BC1000 | AD | AD1000 | AD2000 |

良渚文化（距今约5400—4300年）

■ 1987年青浦区福泉山遗址福泉山墓地144号墓出土
高19厘米，刃宽20厘米

■ 辉绿岩。梯形，形制规整，器身扁薄轻巧，顶端两角打出窄肩，弧刃，两端上翘成方角。上部对钻出圆孔，圆
孔两侧在应捆扎绳索的部位各有朱红斜线连向肩部，这种朱红彩线可能象征石钺的装柄方式。此钺无使用痕
迹，是一件礼仪用具。

石 锛

BC6000	BC5000	BC4000	BC3000	BC2000	BC1000	AD	AD1000	AD2000

良渚文化（距今约5400—4300年）

■ 1987 年青浦区福泉山遗址福泉山墓地 109 号墓出土
高 28.5 厘米，刃宽 5.6 厘米

■ 浅灰色。形体较大，经打磨抛光，平整光滑。平背，平刃，起段明显，轮廓线条刚直。此锛制作精良，无使用痕迹，应属于礼仪用器。与崧泽文化之前的平背、弧背、有脊石锛相比，有段石锛成为良渚文化主要类型。这类锛的特点是，在石锛的上半部起段，使上下部呈台阶状分隔。

双孔石镰

BC6000 BC5000 BC4000 BC3000 BC2000 BC1000 AD AD1000 AD2000

良渚文化（距今约5400—4300年）

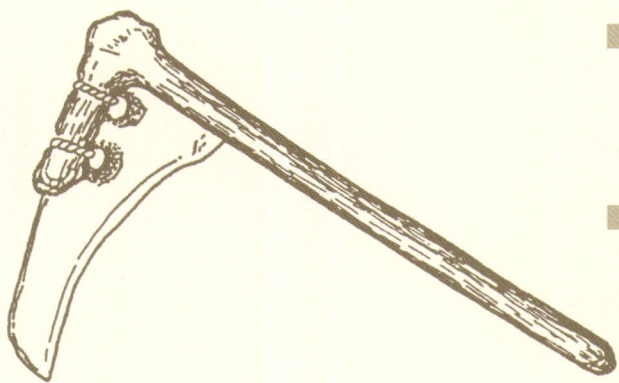

1979年青浦区福泉山遗址出土
长17.9厘米

板岩，黑色。右利，单面凹弧斜刃，拱背，装柄一端琢出两个圆孔。装木柄时可将这一端嵌入在木柄上端凿出的槽内，再用绳索穿过双孔捆绑结实。刃部有使用后的磨损，但依然十分锋利，是日常使用的生产工具。带孔的石镰比较少见。石镰是收割农作物的农具，长江下游地区首见于崧泽文化晚期。

双孔石镰

冒镦组合玉钺

| BC6000 | BC5000 | BC4000 | BC3000 | BC2000 | BC1000 | AD | AD1000 | AD2000 |

良渚文化（距今约5400—4300年）

1984年青浦区福泉山遗址福泉山墓地65号墓出土
钺高15.9厘米，刃宽10厘米
冒高4厘米，长9.3厘米，厚1.2厘米
镦高2.6厘米，长7.5厘米，厚2.1厘米

此件玉钺为钺、冒、镦的组合配置，皆为透闪石材质。根据冒、镦、钺三者在墓中分布的位置测量，总长度为60—70厘米。钺为米黄色，夹褐斑。扁平梯形，器表经抛光，弧形刃，刃的两端略外翘，钝口，无使用痕迹。上部中间用管钻对钻出一圆孔，孔壁留有钻旋痕。孔的上部遗留用绳索缚柄的痕迹。冒与钺同色，器身如舰形，下部有一凹槽，可以将柄嵌入。凹槽先在两侧实心钻钻孔后开槽。镦受沁成灰白色。器身如船形，上部有一凹槽形成銎部，两侧中间各有一个插榫孔，可以纳柄后再固定，略残。卯口有4个实心钻孔，再开槽。插销孔为实心钻孔。

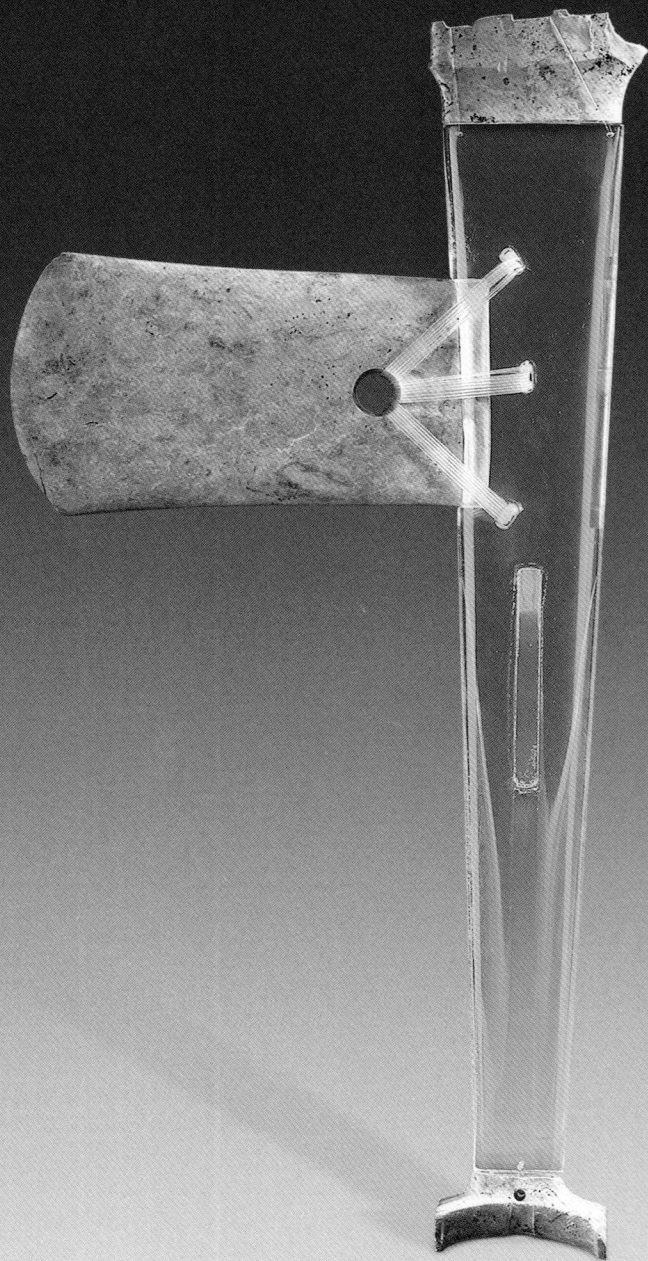

冒镦组合玉钺

冒镦组合玉钺

| BC6000 | BC5000 | BC4000 | BC3000 | BC2000 | BC1000 | AD | AD1000 | AD2000 |

良渚文化（距今约5400—4300年）

1983年青浦区福泉山遗址福泉山墓地74号墓出土

钺高17厘米，刃宽9.6厘米

冒长7.7厘米，宽3.7厘米

镦长6厘米，宽2.9厘米

钺，米黄色，扁平梯形，器表经细致抛光，弧形刃，刃的两端略向外翘，钝口，无使用痕迹。上部中间有一圆孔，以管钻对钻而成。玉冒，白色，舰形，上部琢出四个凸块，底部有一道凹槽，可以纳柄。玉镦，白色，马鞍形，上部有一个凹槽，两侧中间有一个插销孔，安装在钺柄上起固定作用。浙江余杭反山墓地第一次确认了钺、冒、镦三位一体的组合关系，从而复原了带柄玉钺的全貌。目前，这类完整组合的玉钺仍极为少见，由此可见拥有者的权力和地位。

玉 钺

BC6000　　BC5000　　BC4000　　BC3000　　BC2000　　BC1000　　AD　　AD1000　　AD2000

良渚文化（距今约5400—4300年）

2010 年青浦区福泉山遗址吴家场墓地 207 号墓出土
高 13.1 厘米，宽 7.9 厘米

辉石类，青白相间，受沁严重。近梯形，刃部略弧。钺身中上部有对钻而成的两孔，特殊之处在于，下孔正反放置了两枚与孔形状相同的圆形玉片，正好可将孔口严丝合缝地填堵上。圆形玉片经过细致打磨，玉料、色泽与玉钺相同。

玉 钺

玉 钺

BC6000   BC5000   BC4000   BC3000   BC2000   BC1000   AD   AD1000   AD2000

良渚文化（距今约5400—4300年）

■ 2008 年青浦区福泉山遗址吴家场墓地 204 号墓出土
高 30.7 厘米，刃宽 14.7 厘米

■ 玉色青白，间杂褐斑。扁平梯形，顶部弧凸。弧刃，刃角外翘，未磨出刃口。上部对钻出一小圆穿孔，孔壁上
可见管钻旋痕。器表经抛光，光泽度高。两面多制作痕迹。素面。

玉
钺

玉 钺

良渚文化（距今约5400—4300年）

■ 1986年青浦区福泉山遗址福泉山墓地101号墓出土
高12.4厘米，刃宽9.3厘米

■ 乳白色。器身光滑，表面有二道线切割遗痕。圆孔为管钻对钻而成。弧刃，刃口无使用痕迹。

神人兽面纹玉琮

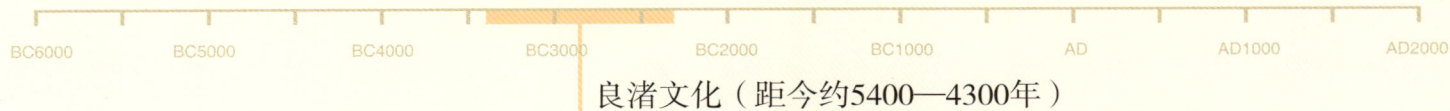

| BC6000 | BC5000 | BC4000 | BC3000 | BC2000 | BC1000 | AD | AD1000 | AD2000 |

良渚文化（距今约5400—4300年）

■ 1984 年青浦区福泉山遗址福泉山墓地 65 号墓出土
高 5.6 厘米，宽 8.7—9 厘米，孔径 6.1 厘米

■ 透闪石，乳白色。矮方柱形，琮面凸出四个角尺形方座，以折角线为中轴线琢刻神人与兽面纹四组。上节在两条平行的横凸棱下，雕刻一神人，以线刻重圈为眼，外圈两侧各出一短横线表示眼角，下方以凸横档作鼻，上刻细密的云纹和横直线组成的图案。下节雕刻一兽面，以桥形凸面作额，椭圆形凸面作眼睑，中间以重圈纹为眼，凸横档作鼻，上刻细密的云纹和横直线组成的图案。玉琮是良渚文化中最具代表性的礼仪用玉器，器体多刻神人兽面纹，它一般只出土于权贵大墓中。

神人兽面纹玉琮

BC6000	BC5000	BC4000	BC3000	BC2000	BC1000	AD	AD1000	AD2000

良渚文化（距今约5400—4300年）

■ 1982年青浦区福泉山遗址福泉山墓地9号墓出土
高5.1厘米，宽7.4厘米，孔径7.1厘米

■ 透闪石，湖绿色。玉质晶莹，薄壁方柱形。琮面以减地法凸出四块角尺形方座，以四角线为中轴刻琢神人兽面纹。上节有两条平行的横凸棱，上刻数道弦纹，以下为两个圆圈和一个凸横档，组成一个带冠的神脸。下节有椭圆形的眼睑、桥形的额和凸横档的鼻组成的兽面。在椭圆形眼睑中以重圈为睛。在神脸和兽面两侧又各刻一只飞鸟（共16只）。在两条平行横凸棱中间以及凸横档、额、眼睑和鸟身上，均填刻以横直线和云纹组成的图案。整器造型规整，线条流畅，构图对称，填刻纹细如微雕，是良渚文化玉器中的珍品。

神人兽面纹玉琮

神人兽面纹玉琮

BC6000　　　　BC5000　　　　BC4000　　　　BC3000　　　　BC2000　　　　BC1000　　　　AD

良渚文化（距今约5400—4300年）

■ 2008 年青浦区福泉山遗址吴家场墓地 204 号墓出土
　高 5.6 厘米，上端宽 8.3 — 8.4 厘米，下端宽 8.1—8.2 厘米，孔径 6.9 厘米

■ 透闪石—阳起石，米黄色，间杂青褐斑。薄壁方柱形。琮面用减地法凸出四块角尺形方座，以四角线为中轴展开刻琢两个神人纹和一个兽面纹。神人纹顶端有两条凸起的横棱，横棱之间刻纤细的变形卷云纹、弧线、短直线。神人纹由简化的两个圆圈和一条凸横档组成。兽面纹由两个椭圆形凸面、一个桥形凸面和一条凸横档组成，椭圆形凸面表示眼睑，中有重圈表示眼睛，桥形凸面表示眼梁，凸横档表示鼻子。这些凸面和凸横档上均填刻由变形卷云纹、弧线、短直线组成的纹饰。兽面纹的两侧各雕刻一鸟纹。

刻符玉璧

BC6000	BC5000	BC4000	BC3000	BC2000	BC1000	AD	AD1000	AD2000

良渚文化（距今约5400—4300年）

■ 1984 年青浦区福泉山遗址福泉山墓地 40 号墓出土
直径 23 厘米，孔径 5.6 厘米，厚 1.4 厘米

■ 透闪石，淡绿间有青白斑纹。边沿凹弧，形如滑轮，表面抛光精美。中间圆孔以管钻对钻而成，孔壁有清晰的对钻旋痕。一面有一浅细的刻划符号。符形上部右侧尖翘，左侧方凸，中间凹入，下部右侧平斜，左侧向下尖突。高2.3厘米，宽1.6厘米，类似纸折的飞鸟。良渚玉璧上有刻符的过去已发现多件，但均属传世品。考古发掘获得的极少。

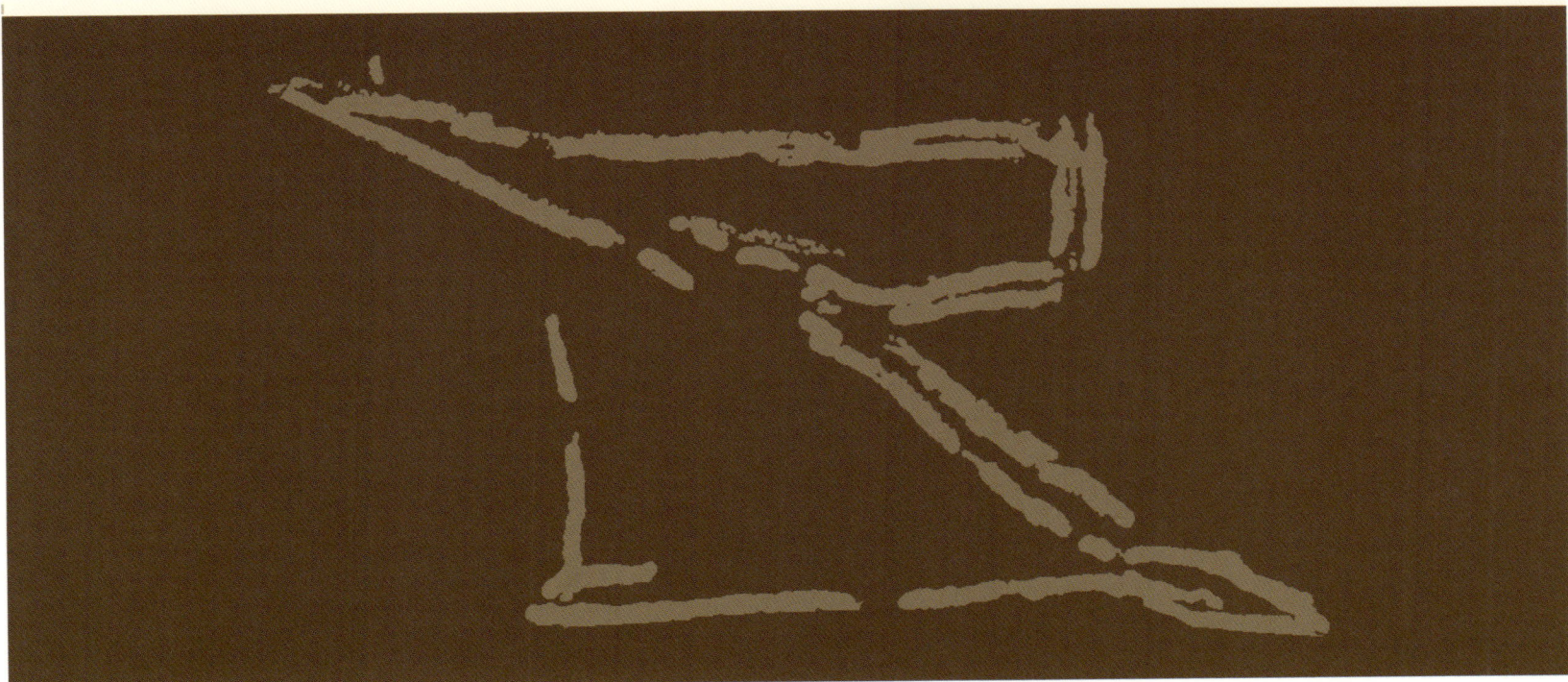

玉
璧

玉　璧

| BC6000 | BC5000 | BC4000 | BC3000 | BC2000 | BC1000 | AD | AD1000 | AD2000 |

良渚文化（距今约5400—4300年）

■ 2008 年青浦区福泉山遗址吴家场墓地 204 号墓出土
直径 26 厘米，孔径 3.9 厘米，厚 1.2 厘米

■ 透闪石—阳起石，青色，有白色沁，间杂褐斑。扁平圆形，中间有管钻对钻圆孔，孔壁上可见管钻旋痕。近孔部分略厚，外缘微内凹。器表抛光，光泽度高。素面。

玉 璧

BC6000　BC5000　BC4000　BC3000　BC2000　BC1000　AD　AD1000　AD2000

良渚文化（距今约5400—4300年）

■ 2008 年青浦区福泉山遗址吴家场墓地 204 号墓出土
直径 19.4 厘米，孔径 5，厚 1.5 厘米

■ 透闪石—阳起石，绿色，有白色沁，间杂褐斑。扁平圆形，中间有管钻对钻圆孔，孔壁上可见管钻旋痕。近孔
部分略厚。器表抛光，光泽度高，留有制作痕迹。素面。

玉 璧

神人兽面纹象牙权杖

文化上海 · 典藏

56

神人兽面纹象牙权杖

BC6000	BC5000	BC4000	BC3000	BC2000	BC1000	AD	AD1000	AD2000	

良渚文化（距今约5400—4300年）

■ 2010 年青浦区福泉山遗址吴家场墓地 207 号墓出土
 长约 97 厘米，镦部高 9.8 厘米，宽 9 厘米

■ 有镦，象牙权杖主体为片状结构，利用整根象牙剖磨制成，器物表面装饰有精美繁缛的细刻纹饰，以转折处为中轴线，用浅浮雕的方式细致地表现出神人兽面纹的主题，共有10组，主题纹饰外以细密的云雷纹做地纹。权杖主体上大下小，顶端平直，下端为突出的榫状结构，插入镦部。镦部呈椭圆形，主题纹饰为两对鸟纹和兽面纹。这件象牙权杖在上海地区乃至全国新石器时代考古发掘中均为首次完整清理。

神人兽面纹玉锥形器

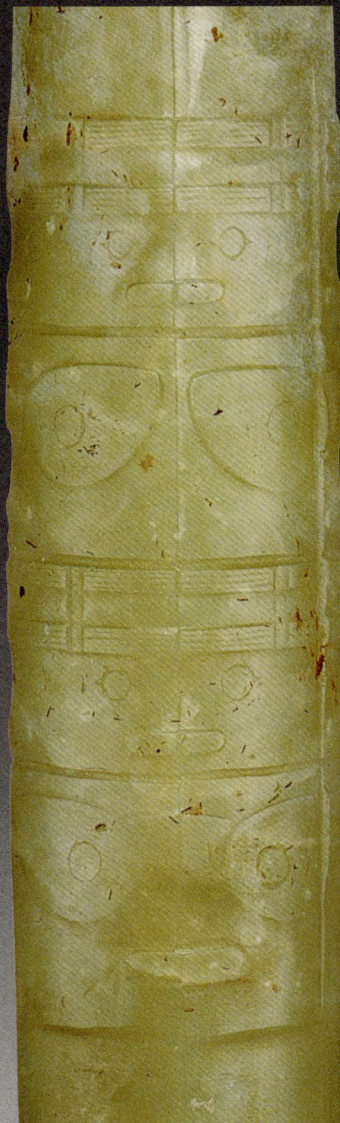

神人兽面纹玉锥形器

BC6000	BC5000	BC4000	BC3000	BC2000	BC1000	AD	AD1000	AD2000

良渚文化（距今约5400—4300年）

■ 1982年青浦区福泉山遗址福泉山墓地9号墓出土
长15.3厘米，宽1.5厘米

■ 透闪石，湖绿色。玉质滋润透光，有少量土沁。方柱形，一端作四棱钝尖，另一端有短柄，柄上有一对钻小孔。方柱体上有两节纹饰，是神人兽面纹的简化。对角线为中心，由戴冠的神面与兽面构成一组纹饰，两条横凸棱表示头冠，两端见三角形的阴刻圆圈表示神人的眼睛，其下以一条凸横档表示神人的嘴，由此构成神面；兽面以两个椭圆形凸面作眼睑，线刻圆圈作眼，桥形凸面作额，一凸横档作鼻。由兽面观察，上、下两节纹饰错位。此器是同类器中的珍品。

重圈目纹玉锥形器

BC6000　　　BC5000　　　BC4000　　　BC3000　　　BC2000　　　BC1000　　　AD　　　AD1000　　　AD2000

良渚文化（距今约5400—4300年）

■ 1984 年青浦区福泉山遗址福泉山墓地 60 号墓出土

长 5.4 厘米

■ 透闪石，乳白色。圆柱形。一端钝尖，另一端有带孔小榫。近柄的圆柱体上以减地法雕琢一对三重圈组成的目纹。通体精磨抛光。良渚玉器中以凸线阳纹作装饰，这是首次发现，也是迄今仅见的器物。三重圈中间的减地，使用镟磨的方法，证明良渚制玉已开始使用砂轮打磨。

重圈目纹玉锥形器

上海出土文物精品选 — 福泉山遗址

59

玉柄形器

玉柄形器

| BC6000 | BC5000 | BC4000 | BC3000 | BC2000 | BC1000 | AD | AD1000 | AD2000 |

良渚文化（距今约5400—4300年）

■ 1987年青浦区福泉山遗址福泉山墓地144号墓出土
长10.3厘米，宽0.8厘米

■ 透闪石，青灰色。一端圆锥形，穿一孔；另一端圆柄形。器身采用减地法凸出六组琮形方座，每组分为两小
节，一节刻三条平行凹弦纹，另一节有一块凸面。使用方式应与玉锥形器相同。良渚文化中仅见此一件。

玉带钩

BC6000　　BC5000　　BC4000　　BC3000　　BC2000　　BC1000　　AD　　AD1000　　AD2000

良渚文化（距今约5400—4300年）

■ 1984年青浦区福泉山遗址福泉山墓地60号墓出土
长3厘米，宽2.1厘米，厚1.8厘米

■ 透闪石，乳白色，间杂土沁。一端方块形穿一孔，孔壁光滑；另一端切割成弯钩，钩内留有钻孔锼剖痕迹。器表高度抛光。出土时位于墓主腰部，是我国年代最早的带钩。福泉山玉带钩的发现，使中国穿戴用带钩的历史提前了近2000年。

玉带钩

神人兽面纹琮形管

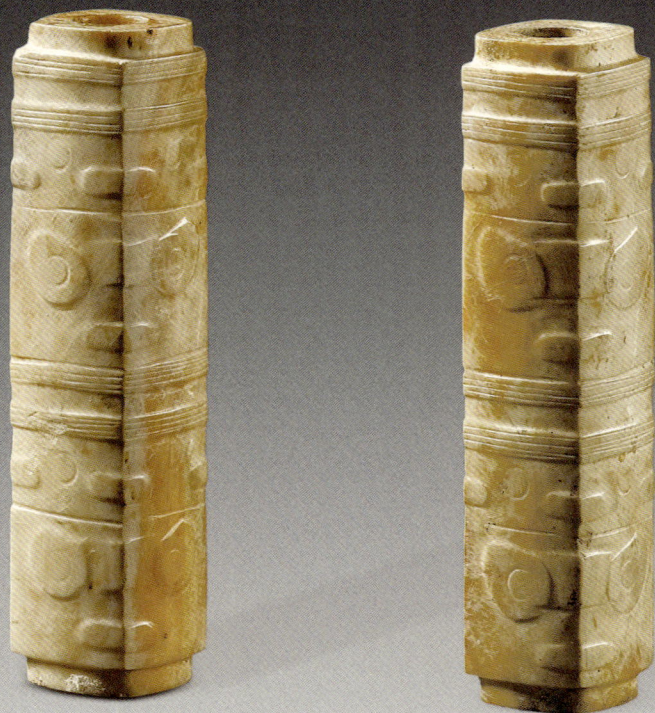

62

神人兽面纹琮形管

BC6000	BC5000	BC4000	BC3000	BC2000	BC1000	AD	AD1000	AD2000

良渚文化（距今约5400—4300年）

■ 1982年青浦区福泉山遗址福泉山墓地9号墓出土
高7厘米，宽1.2厘米

■ 叶蛇纹石，南瓜黄。细高琮形，两端出射，中有小孔，器表以两侧为中线，以阴刻及浮雕的方式雕刻两组神人兽面纹。此组琮形管出土于墓主的上肢骨旁。这种器物因形似良渚文化时期的玉琮得名，实际是神人兽面纹在玉管上的体现，有时作为串饰的一部分，良渚墓葬中往往成对出土，也有学者推测它是玉钺杖上的挂饰。

青玉兽面谷纹璧

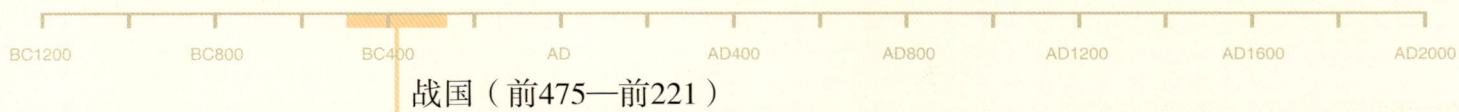

BC1200   BC800   BC400   AD   AD400   AD800   AD1200   AD1600   AD2000

战国（前475—前221）

■ 1983 年青浦区福泉山遗址 1 号战国墓出土
外径 19.2 厘米，孔径 5.2 厘米，厚 0.5 厘米

■ 扁圆体，灰白沁。外边及内孔阴刻轮廓线。内侧用两圈绞索纹将纹饰分为内外两区，内区刻谷纹，外区刻连绵缠绕的双身兽面纹。兽面为圆眼，方眼眶，宽直鼻梁，大鼻翼，两侧刻弯曲唇线。双角平直，末端上卷。身躯左右对称分开，婉转缠绕，末端出尖回转，中部阴刻一条脊线，两侧刻冰纹线表肋骨。抛光精细，泛玻璃光。此类玉璧属于楚文化系统。

青玉兽面谷纹璧

越窑青釉刻划花莲瓣纹盖罐

64

越窑青釉刻划花莲瓣纹盖罐

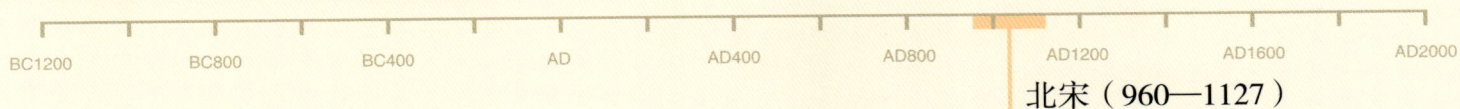

BC1200	BC800	BC400	AD	AD400	AD800		AD1200	AD1600	AD2000

北宋（960—1127）

■ 1987 年青浦区福泉山遗址 M129 出土
通高 9.6 厘米，底径 8.1 厘米

■ 盖似荷花，器身敛口，鼓腹，圈足外撇，外底有支烧泥点痕。腹壁贴刻莲瓣，莲瓣宽大肥厚，具有五代遗风。下腹双层仰莲瓣，每层六瓣，上下交错排列，风格豪放，花朵施展有力、表现自如。五代北宋时期，越窑盛行刻莲瓣纹碗、托等。"越瓯荷叶空"，就是对这一时期越窑风行的荷花形造型瓷器的最好赞誉。陆龟蒙的《秘色越器》诗："九秋风露越窑开，夺得千峰翠色来。好向中宵盛沆瀣，共嵇中散斗遗杯。"更是对越窑青瓷胎质和釉色的高度而形象的评价。

广富林遗址

广富林遗址位于上海市松江区方松街道广富林村，西北和西面有佘山、辰山、凤凰山等小山峰，周围地势平坦。遗址于1959年首次发现，1999年至2005年，上海博物馆再次对遗址进行了考古发掘，根据遗址新的发现，获得了"广富林文化"的考古学命名，填补了长江下游新石器时代晚期文化谱系的空白。广富林遗址是上海历年发掘规模最大、出土文物最为丰富的考古遗址。

　　广富林遗址2013年列为全国重点文物保护单位。

石 犁

石 犁

BC6000　　BC5000　　BC4000　　BC3000　　BC2000　　BC1000　　AD　　AD1000　　AD2000

崧泽文化（距今约6000—5400年）

■ 2010年松江区广富林遗址162号墓出土
高19厘米，宽17厘米

■ 体形扁薄，平面呈等边三角形，两腰为刃部，单面斜刃，底部呈凹字形，正面尖部及刃部打磨平整，背面未作修整。为了固定石犁，犁身有4个打琢的穿孔。石犁的发明，说明原始农业开始进入了犁耕阶段。同以往的耜耕相比，连续性的犁耕大大提高了劳动效率。通过犁的深耕，使大面积地开发耕地成为了可能，从而把农业生产水平提到了一个新高度。

鹿钺纹陶尊

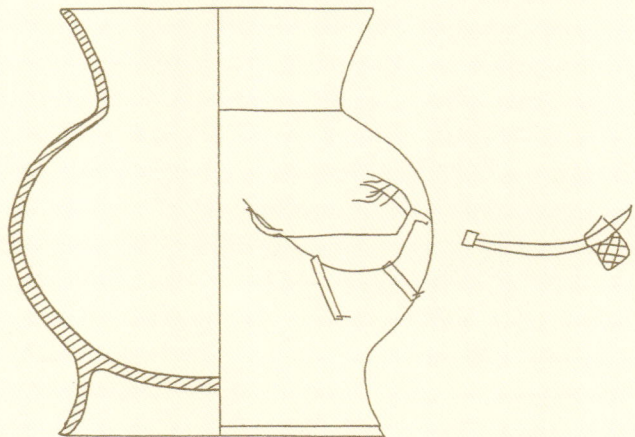

| BC6000 | BC5000 | BC4000 | BC3000 | BC2000 | BC1000 | AD | AD1000 | AD2000 |

良渚文化（距今约5400—4300年）

■ 2001 年松江区广富林遗址 24 号墓出土
高 15.9 厘米，口径 11.6 厘米

■ 泥质灰陶。侈口，扁圆腹，高圈足。陶尊腹部刻划有鹿、钺的组合图案。一只雄鹿，鹿角高耸，翘尾前行，线条简约生动，旁有一件带柄的石钺，柄向外弧曲呈未张开的弓形，柄下端还安装着镦，旁边还有一图，可惜已经大部分磨损，从残留痕迹看似一鹿。这种图形组合在良渚文化中还是第一次发现。从鹿角特征看，刻划的鹿应当是麋鹿。而刻纹钺柄尾置镦的图像，也对当时钺的组合结构提供了新的依据。

鹿钺纹陶尊

鹿角镦饰

| | | | | | | | | | |
|BC6000|BC5000|BC4000| |BC3000|BC2000|BC1000|AD|AD1000|AD2000|

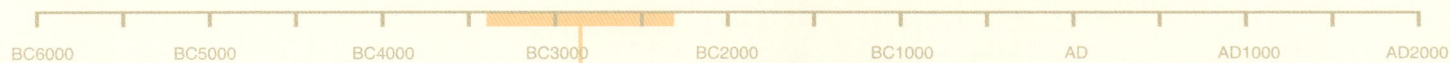

良渚文化（距今约5400—4300年）

■ 2010 年松江区广富林遗址 151 号墓出土
高 3.7 厘米，上宽 5 厘米，下宽 5.9 厘米

■ 由鹿角制成，下部以细线条雕刻变体神兽纹饰带，刻纹极其精细复杂，用单线条与留白表示神兽主体，细密的线条表示背景，通体抛光，是良渚文化极少见的角饰精品。该端饰出土时与一石钺呈组合状摆放，因此这件端饰应是镦。石钺刃部有明显的崩口及使用痕迹，说明这柄石钺是实用器。经鉴定，墓主是一成年男性，这柄石钺出自其右大腿外侧，而端饰正位于右手的位置，可能下葬时墓主右手握着这柄石钺。

玉
镯

玉　镯

| BC6000 | BC5000 | BC4000 | BC3000 | BC2000 | BC1000 | AD | AD1000 | AD2000 |

崧泽文化（距今约6000—5400年）

2010 年松江区广富林遗址 155 号墓出土
外径 8 厘米，内径 5.3 厘米

青玉，黑色杂质。外缘浑圆，内缘棱角明显，通体磨光。出土时佩戴于墓主左手手腕。崧泽文化已逐渐改变马家浜文化以来装饰玉器集中佩戴在头部的现象，镯、环等手腕部装饰品在崧泽文化晚期逐渐流行，形成了装饰玉器由头部扩展到上肢的新风格。

玉 镯

BC6000   BC5000   BC4000   BC3000   BC2000   BC1000   AD   AD1000   AD2000

崧泽文化（距今约6000—5400年）

■ 2010年松江区广富林遗址 91 号墓出土
外径 10.8 厘米，内径 6.2 厘米

■ 青玉，有明显的白色沁。截面呈圆角方形，由于开片的原因，厚薄略有差异，外缘棱角较明显，内缘较圆润，
通体磨光。出土时佩戴于墓主右手手腕，经鉴定墓主为女性。

玉 镯

鱼鳍足陶鼎

BC6000　BC5000　BC4000　BC3000　BC2000　BC1000　AD　AD1000　AD2000

钱山漾阶段（距今4300—4100年）

■ 2012 年松江区广富林遗址 2368 号灰坑出土
高 30.4 厘米，口径 23.2 厘米

■ 夹砂红褐陶。宽折沿，垂腹，圜底，下附三个大鱼鳍足。鼎身素面，鱼鳍足两面饰纵向刻划纹。鼎底部及鼎足见斑驳的烟炱，系经年累月炊煮的痕迹。钱山漾阶段的陶鼎一般为釜形鼎，鼎身以折沿、垂腹为主要特征，部分鼎的上腹部有凸弦纹作为装饰。鼎足有鱼鳍足、鸭嘴状凿形足、顺装舌形足等。

鱼鳍足陶鼎

细高颈袋足陶鬶

BC6000	BC5000	BC4000	BC3000	BC2000	BC1000	AD	AD1000	AD2000

钱山漾阶段（距今约4300—4100年）

■ 2009 年松江区广富林遗址出土
高 35 厘米

■ 泥质白陶。由三个萝卜状袋足与细高的颈部组成，颈上部有管状流及注水口，颈部与袋足结合部有环状宽耳。颈部饰纵向细绳纹。器身见烟炱，系煮水留下。

■ 鬶，是原始先民烧水、倒水的容器。三个袋足的设计大大增加了受热面积，加快煮水的速度。由于鬶的特殊造型，只能采用手制的方式。

水波纹折肩陶罐

BC6000　　BC5000　　BC4000　　BC3000　　BC2000　　BC1000　　AD　　AD1000　　AD2000

钱山漾阶段（距今约4300—4100年）

■ 2009 年松江区广富林遗址 99 号水井出土
高 26.5 厘米，口径 19.5 厘米

■ 泥质黑陶。直口，圆唇，折肩，斜腹，圜底。上腹部饰三道水波纹。

水波纹折肩陶罐

侧装三角形足陶鼎

BC6000	BC5000	BC4000	BC3000	BC2000	BC1000	AD	AD1000	AD2000

广富林文化（距今约4100—3900年）

■ 1999年松江区广富林遗址43号灰坑出土
高23厘米，口径15.8厘米

■ 夹砂灰陶。折沿，沿面内凹，方唇，垂腹，圜底，侧装三角形鼎足。上腹部有两组弦纹，器底有不规则的刻划绳纹。器表附着烟炱。

■ 此种形制的陶鼎是广富林文化标志性器物之一，与良渚文化的陶鼎明显不同，却与中原地区王油坊类型的陶鼎有着众多的相似性。在对松江区广富林遗址出土的以此类陶鼎为代表的陶器研究之后，提出了广富林文化的命名。广富林文化的确立填补了环太湖流域新石器时代晚期文化序列的缺环。

刻划纹陶瓮

刻划纹陶瓮

BC6000　　BC5000　　BC4000　　BC3000　　BC2000　　BC1000　　AD　　AD1000　　AD2000

广富林文化（距今约4100—3900年）

2009 年松江区广富林遗址 1127 号灰坑出土
高 38.2 厘米，口径 26.4 厘米

夹砂灰陶。卷沿，方唇，矮领，圆肩，斜腹，平凹底。领部及领肩结合部饰多道凸棱纹，肩部刻划错向斜线纹，构成28组填线三角形。最大径处饰多道弦纹，其下为交错细绳纹，下腹部饰斜向细绳纹。

这类大型陶器，广富林文化先民一般采用泥条盘筑法制形，拼接器底，并通过慢轮整形装饰纹饰。陶瓮一般与器盖组合使用。

竹编纹圈足陶罐

BC6000　BC5000　BC4000　BC3000　BC2000　BC1000　AD　AD1000　AD2000

广富林文化（距今约4100—3900年）

■ 2009 年松江区广富林遗址 983 号灰坑出土
高 37 厘米，口径 20 厘米

■ 泥质橘黄陶。敞口，方唇，矮领，圆肩，弧腹，圜底，矮圈足外撇。领部饰一道凸棱纹及以四条纵向细刻为一组的刻划纹21组，每4组之间有一段间隙，肩腹部拍印竹编纹。

■ 印纹陶器并非长江三角洲地区固有的文化因素，广富林文化的印纹陶器在烧造工艺、制作方法、装饰风格和器形特征上与其他陶器有着明显差别，很可能是受到了浙南闽北地区印纹陶文化因素的影响。

竹编纹圈足陶罐

袋足陶鬹

袋足陶鬹

| BC6000 | BC5000 | BC4000 | BC3000 | BC2000 | BC1000 | AD | AD1000 | AD2000 |

广富林文化（距今约4100—3900年）

■ 2009 年松江区广富林遗址 1127 号灰坑出土
高 22.7 厘米

■ 泥质白陶。由3个袋足及粗短的颈部组成，直口，口部捏制流，流上翘，犹如昂首状，袋足肥大且短，足尖较明显，无实足跟，袋足根部及颈侧有一桥状把手，把手外翻。颈部饰多道弦纹。该器属于煮水或温酒器，应来源于山东龙山文化，它是广富林文化与山东龙山文化密切相关的实物佐证。

方格纹圈足陶鬶

| BC6000 | BC5000 | BC4000 | BC3000 | BC2000 | BC1000 | AD | AD1000 | AD2000 |

广富林文化（距今约4100—3900年）

■ 2012年松江区广富林遗址3378号灰坑出土
高14.5厘米

■ 灰色硬陶。敞口，矮领，圆腹，圜底，矮圈足，口侧捏制成流，一侧有宽鋬。领上部饰弦纹与凸棱纹，下部饰弦纹与纵向双线刻划纹，三个成一组，共九组，腹部压印方格纹。鋬中部刻划两组简化叶脉纹，以弦纹间隔，两侧刻划错向斜线纹。从鋬与器身的结合面观察，鋬是在器身饰纹后安装的。

石 犁

广富林文化（距今约4100—3900年）

■ 2003 年松江区广富林遗址 47 号灰沟出土
高 52 厘米，底宽 34 厘米，厚 1.3 厘米

■ 三角形，体形扁薄，犁头圆，两腰为刃部，单面刃，两面皆打磨平整，犁身上琢四个圆孔，三个位于头部，一
　个近底部，将犁固定于犁床之用。广富林文化时期的犁体形较崧泽文化、良渚文化的大，犁头的角度更锐，这
　种变化使得犁耕的效率更高。

石
犁

广富林文化（距今约4100—3900年）

玉琮

玉 琮

| BC6000 | BC5000 | BC4000 | BC3000 | BC2000 | BC1000 | AD | AD1000 | AD2000 |

广富林文化（距今约4100—3900年）

■ 2012 年松江区广富林遗址出土
高 10 厘米，宽 13.5—13.7 厘米，内径 9.5 —
9.7 厘米

■ 玉色墨绿，夹灰白斑。矮方柱形，内圆外方，
琮体外壁略弧，外壁折角两端减地打磨，相应
上下两端四角向内侧减地打磨，形成射部，射
略方，中孔为管钻对穿形成。整体经过打磨，
素面。

玉　琮

BC6000　　BC5000　　BC4000　　BC3000　　BC2000　　BC1000　　AD　　AD1000　　AD2000

广富林文化（距今约4100—3900年）

2010 年松江区广富林遗址 1569 号灰坑出土
高 6.5 厘米，宽 8.8—9.1 厘米，内径 5.8—6 厘米

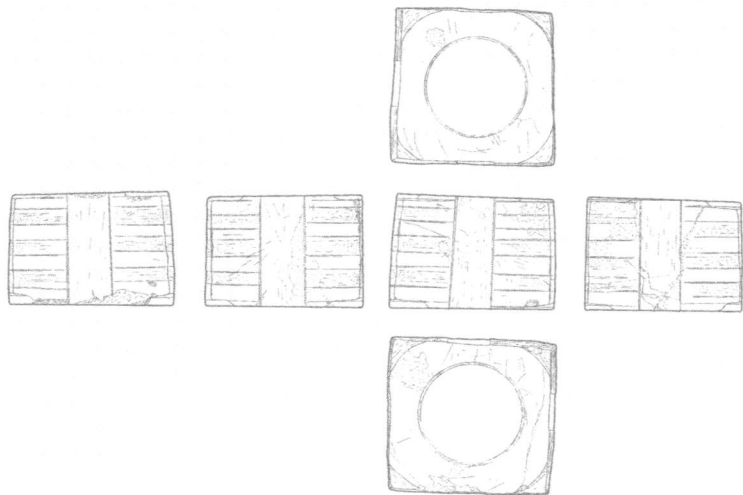

玉色暗褐。矮方柱形，外方内圆，形制不甚规整，琮体外壁略弧，射略凸起，中孔为管钻对穿制成，整体经过打磨。器表以转角为中心，分割为4组纹饰，每组纹饰之间用2道纵向阴刻线构成的竖槽分割。纹饰外转角饰6道横向阴刻线，刻划较深，在2道阴刻线间略打磨下凹，形成间隔对称的3道凹陷。

玉 琮

广富林文化（距今约4100—3900年）

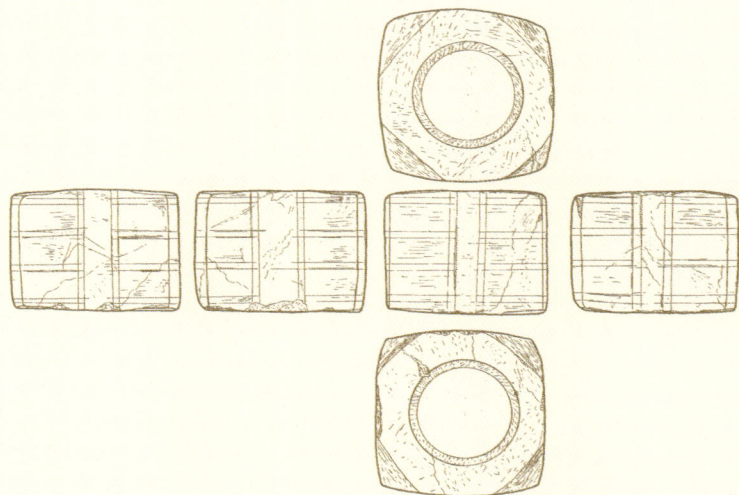

■ 2013年松江区广富林遗址2769号灰坑出土
　高5.9厘米，宽7.9—8.3厘米，内径5.2厘米

■ 玉色青绿。矮方柱形，内圆外方，琮体外壁较弧，四角向内侧减地成射，射略方，中孔为管钻对穿形成。竖槽由2道纵向阴刻线组成，外转角饰4组双线阴刻线，刻划很浅，较对称。

玉 琮

上海出土文物精品选 — 广富林遗址

87

青铜棘刺纹尊

| BC1200 | BC800 | | BC400 | AD | AD400 | AD800 | AD1200 | AD1600 | AD2000 |

春秋晚期（前6世纪上半叶—前476）

■ 2012 年松江区广富林遗址出土
高 24 厘米，口径 22.8 厘米

■ 敞口，长颈，中腹扁，高圈足，圈足外撇，近底部出台。口部略残，修复。腹饰细密棘刺纹和对称变形兽体纹，棱角尖锐。上口饰对称兽面纹，大圆眼，宽直鼻梁，两角左右分开，尖部上扬。上部还有两道眉纹。颈下部与圈足上部与腹部纹饰交界处各饰一周锯齿纹。颈、腹部两条范线明显，未打磨。

寺前村遗址

寺前村遗址位于上海市青浦区香花桥街道天一路、久远路的东北侧，寺前为古名，因居于宋元时期的慧日教寺西南而得名。遗址于 1966 年，进行过小规模的试掘。1990 年 11 月—1991 年 1 月，再次对遗址进行发掘，发现了崧泽文化至宋元时期丰富的文化遗存。寺前村遗址出土文物精品有崧泽文化的双层镂孔花瓣足陶壶和出土于宋井中的南宋龙泉窑瓷器等。

　　寺前村遗址 1977 年公布为上海市文物保护单位。

双层镂孔花瓣足陶壶

| BC6000 | BC5000 | BC4000 | BC3000 | BC2000 | BC1000 | AD | AD1000 | AD2000 |

崧泽文化（距今约6000—5400年）

■ 1966年青浦区寺前村遗址出土
高15.5厘米，口径8.1厘米

■ 泥质黑陶。陶壶分为内外两层，在器身肩部和底部相粘接烧成。内层为折肩，斜直腹；外层为卷沿，矮颈，折肩，圆弧形腹，下附花瓣形圈足。内层起到实际的功能作用，外层主要是为了装饰效果，在器身腹部和圈足都有以圆孔和弧边三角形组成的镂孔花纹与刻划的阴线。这件陶壶的发现，说明崧泽文化的先民已经开始摆脱陶器制作功能上的需求，开始了独立的艺术创作。

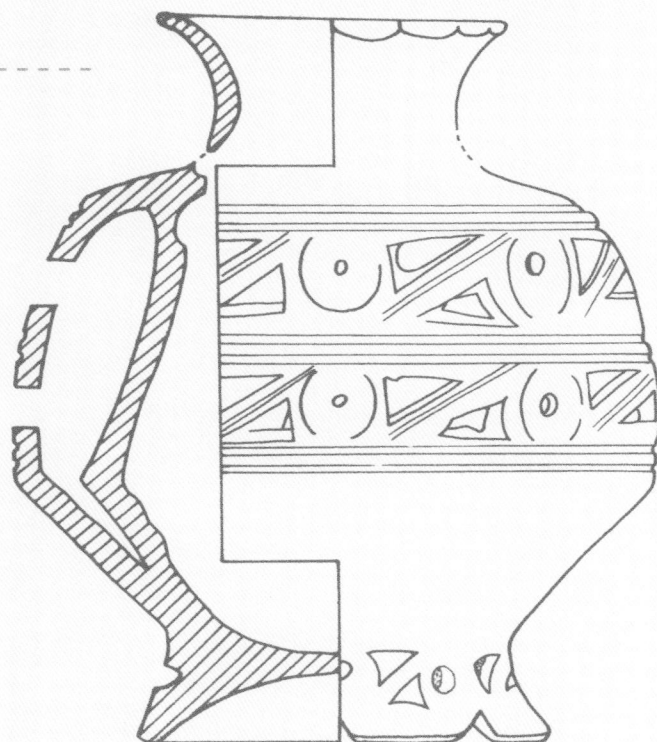

龙泉窑青釉鬲式炉

龙泉窑青釉鬲式炉

BC1200	BC800	BC400	AD	AD400	AD800	AD1200	AD1600	AD2000

南宋（1127—1279）

■ 1990 年青浦区大盈镇寺前村宋井出土
高 11.1 厘米，口径 13.1 厘米

■ 平折沿，直颈，折肩，扁圆腹，下承三足，足底削足露胎。内底有一凹窝，外底三足间有脐。腹至足侧面对捏竖条棱至足底，凸起处釉薄呈白色，显露胎土，俗称"出筋"。釉面梅子青色，釉质莹润光滑，温润如玉。鬲式炉仿商代青铜鬲，造型古朴典雅。

龙泉窑青釉长颈瓶（两件）

BC1200　　BC800　　BC400　　AD　　AD400　　AD800　　AD1200　　AD1600　　AD2000

南宋（1127—1279）

■ 1990 年青浦区大盈镇寺前村宋井出土
高 15.9 厘米，口径 6.5 厘米，足径 6 厘米

■ 两件器物外形相似。折沿，长颈，溜肩，圆弧腹，圈足。颈部饰两道凸弦纹，肩部有三道轮旋形成的凸棱。釉色青绿，釉面滋润如玉，其中一件釉面有大开片。足跟露胎，胎釉结合处有火石红。整器造型规整，幽雅怡人，体现了龙泉窑青瓷独特的审美情趣。

龙泉窑青釉长颈瓶（两件）

上海出土文物精品选——寺前村遗址

95

亭林遗址

亭林遗址位于上海市金山区亭林镇，1966 年发现，1972—1975、1988、1990 年曾经过多次考古发掘。亭林遗址发现的良渚文化墓地，共有墓葬 23 座，随葬品丰富，部分墓葬还有葬狗的习俗，墓葬有明显的等级分化现象，墓地还出土了一件高节玉琮。亭林遗址是福泉山遗址外出土玉琮的另一个重要地点。

亭林遗址 1977 年公布为上海市文物保护单位。

石耘田器

石耘田器

| BC6000 | BC5000 | BC4000 | BC3000 | BC2000 | BC1000 | AD | AD1000 | AD2000 |

良渚文化（距今约5400—4300年）

■ 1988年金山区亭林遗址10号墓出土
长15厘米

■ 此器形体扁薄轻巧，打磨精细，十分规整。器身两翼张开，凹弧形背，中间凸出的部分向两侧外勾，其下单面钻出一个圆孔。凸弧形刃的两面都有明显的磨擦痕，属反复使用后留下的痕迹。耘田器一度被认为是稻田中耕的农具。现在的观点，更加倾向于认为它是一种切割工具，可能是收割稻谷时使用的手持刀具或是剥取兽皮的一种工具。

神人纹玉琮

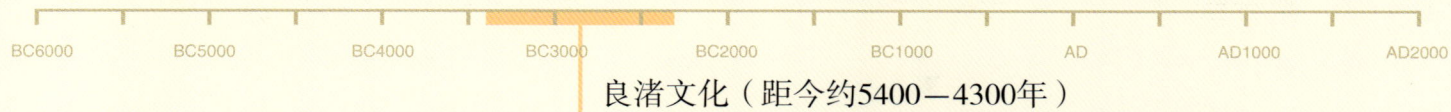

BC6000　　　BC5000　　　BC4000　　　BC3000　　　BC2000　　　BC1000　　　AD　　　AD1000　　　AD2000

良渚文化（距今约5400—4300年）

■ 1988 年金山区亭林遗址 16 号墓出土
　高 24 厘米，宽 6.7—7.4 厘米，孔径 4.7 厘米

■ 透闪石—阳起石，青灰色。长方柱形，上大下小，全器以横槽分为9节，每节四角各雕琢一个简化的神人纹，是良渚文化晚期典型的玉琮。通体有打磨痕迹。管钻眼睛，未见眼睑。部分神人纹口部有卷云纹，内刻有獠牙。良渚文化晚期，高节琮成为玉琮的主要类型之一，它们玉质一般相对粗糙，纹饰简单。

神人纹玉琮

马桥遗址位于上海市闵行区马桥镇，遗址发现于 1959 年，20 世纪 60 年代的考古发掘获得了"马桥文化"的考古学文化命名，是夏商时期长江下游地区典型的遗址。

　　20 世纪 90 年代，马桥遗址又进行过多次大规模的发掘，丰富了马桥文化的内涵。根据考古调查，马桥遗址坐落在一道被称为"竹冈"的贝壳砂堤之上，遗址沿砂堤和紧靠砂堤的东西两侧，呈南北长、东西窄的宽带状分布。

　　2013 年，马桥遗址公布为全国重点文物保护单位。

绳纹舌形足陶鼎

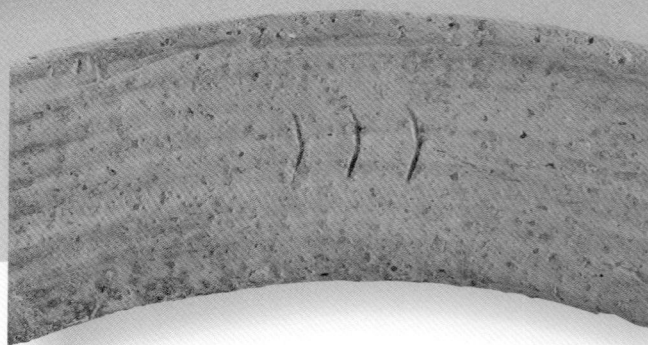

绳纹舌形足陶鼎

BC6000	BC5000	BC4000	BC3000	BC2000	BC1000	AD	AD1000	AD2000

马桥文化（距今约3900—3200年）

■ 1994年闵行区马桥遗址7号灰坑出土
高25.1厘米，口径20.2厘米

■ 夹粗砂灰褐陶。胎质较疏松，折沿，垂腹，形体比较大，腹径大于口径。舌形足，足横断面呈扁圆形。该鼎为泥条盘筑而成，口部经过慢轮修整，故沿面有数道旋纹。腹部通体拍印斜向绳纹，沿面上还有一组刻划陶文。

叶脉纹圆锥形足陶甗

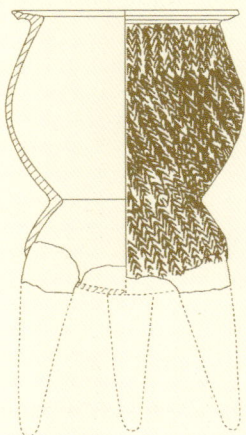

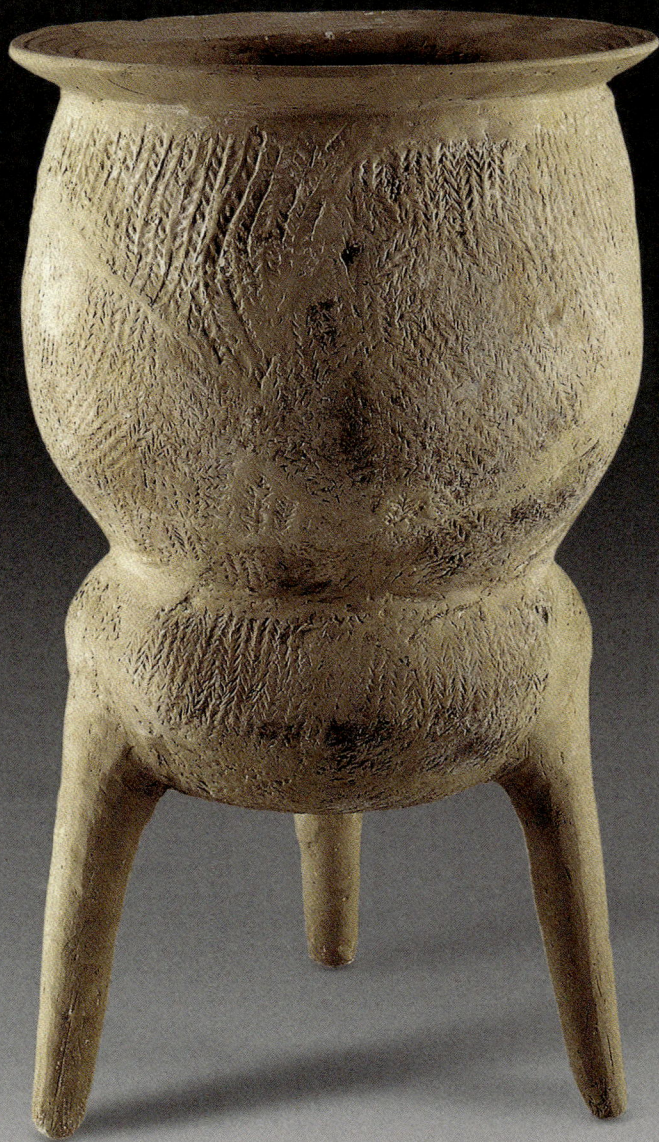

马桥文化（距今约3900—3200年）

■ 1994年闵行区马桥遗址出土
高42厘米，口径23.8厘米

■ 泥质红陶。宽折沿，圆唇，束腰，内壁有隔，上体鼓腹似罐，下体扁圆，圆锥形足。沿面有弦纹，通体饰叶脉纹。甗是新石器时代开始使用的一种隔水蒸物的炊器，马桥文化的陶甗改变了长江三角洲地区的传统样式，器身分为上、下两个部分，分别制作后连接而成。

叶脉纹圆锥形足陶甗

叶脉纹陶罐

BC6000	BC5000	BC4000	BC3000	BC2000		BC1000	AD	AD1000	AD2000

马桥文化（距今约3900—3200年）

■ 1994年闵行区马桥遗址297号灰坑出土
高27.1厘米，口径21.4厘米

■ 泥质红陶。折沿，沿面略凹弧，方唇，圆腹，凹圜底。口沿与器身相接部位有指抹痕迹。通体饰叶脉纹，沿面上有轮旋纹，并刻划陶文。

方格纹叶脉纹高领陶罐

BC6000　　BC5000　　BC4000　　BC3000　　BC2000　　BC1000　　AD　　AD1000　　AD2000

马桥文化（距今约3900—3200年）

1994年闵行区马桥遗址290号灰坑出土
高22.8厘米，口径13.8厘米

泥质红陶。敞口，方唇，矮领，圆肩，弧腹，凹圜底。肩部有三个盲鼻，上腹部饰方格纹，下腹至底饰叶脉纹。

方格纹叶脉纹高领陶罐

云雷纹陶簋

| BC6000 | BC5000 | BC4000 | BC3000 | BC2000 | BC1000 | AD | AD1000 | AD2000 |

马桥文化（距今约3900—3200年）

■ 1994 年闵行区马桥遗址出土
高 13.8 厘米，口径 13.1 厘米

■ 泥质灰陶。翻缘，窄肩，弧腹，圈足上部近直，下部圆鼓。腹部饰弦纹，圈足饰斜云雷纹和弦纹，有两个圆形
小镂孔。

云雷纹多节陶瓠

BC6000	BC5000	BC4000	BC3000	BC2000	BC1000	AD	AD1000	AD2000

马桥文化（距今约3900—3200年）

1994年闵行区马桥遗址出土
高 20.7 厘米，口径 9 厘米

泥质灰陶。器形与觯接近。敞口，圆唇，平底中间凹弧。器身饰斜云雷纹和之字形折线纹。瓠是中原地区夏商时期文化中最主要的酒器之一，马桥文化的瓠很可能是中原文化影响下的产物。

云雷纹陶觯

BC6000 　BC5000 　BC4000 　BC3000 　BC2000 　　BC1000 　AD 　AD1000 　AD2000

马桥文化（距今约3900—3200年）

■ 1994 年闵行区马桥遗址出土
高 12.9 厘米，口径 9.4 厘米

■ 泥质灰陶。敞口，圆唇，假圈足，底近平，器底边缘上部有一周凹槽。器身饰斜向云雷纹，假圈足饰弦纹。觯
是马桥文化的主要酒器，数量多，变化复杂。多为轮制而成，器形相当规整，器内壁常常可见明显的轮旋痕
迹。

云雷纹陶觯

云雷纹鸭形陶壶

BC6000	BC5000	BC4000	BC3000	BC2000		BC1000	AD	AD1000	AD2000

马桥文化（距今约3900—3200年）

■ 1994年闵行区马桥遗址出土
高 10.6 厘米，口径 8.2 厘米

■ 泥质灰陶。敞口，粗颈，椭圆形扁腹，"尾部"上翘，半环形扁錾，假圈足，平底。颈部和扁錾上饰云雷纹，圈足饰弦纹。

云雷纹鸭形陶壶

竖条纹鸭形陶壶

BC6000	BC5000	BC4000	BC3000	BC2000	BC1000	AD	AD1000	AD2000

马桥文化（距今约3900—3200年）

■ 1994年闵行区马桥遗址出土
高10.8厘米，口径9.2厘米

■ 泥质黑陶。敞口，矮领，扁弧腹，"尾部"较平。矮圈足，圈足局部呈橘红色，颈部加贴一圈泥条，高环宽
鋬。腹部饰竖条纹，宽鋬上贴泥条和小圆丁作装饰，并有V形刻纹。该器物所采用的在陶器表面施黑色涂层的技
术是黑釉的先驱，经过不断的摸索与试验，马桥文化中期烧出了黑釉原始瓷。

凤凰山骆驼墩遗址

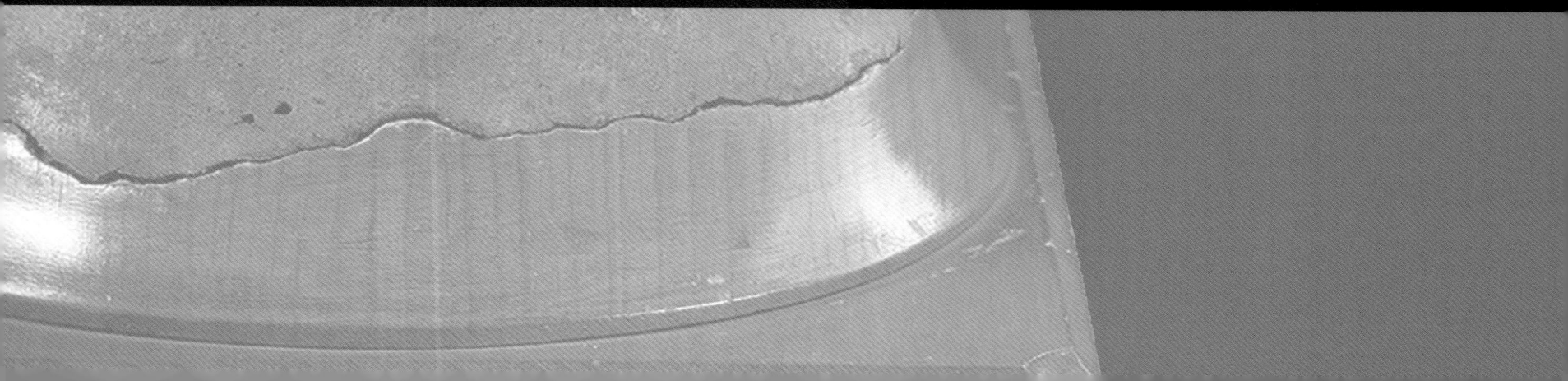

凤凰山位于上海市松江区北部，海拔约 51 米，因山形似凤凰而得名。

1962 年在该遗址中发现一件精美的吴越文化青铜镶嵌棘刺纹尊，显示出该遗址的重要地位。

114

青铜镶嵌棘刺纹尊

BC1200	BC800		BC400	AD	AD400	AD800	AD1200	AD1600	AD2000

春秋晚期（前6世纪上半叶—前476）

1962 年松江区凤凰山骆驼墩遗址出土
残高 36.2 厘米，直径 29.4 厘米

敞口，高颈，鼓腹，高圈足下部残缺。口沿内侧设有三组几何形纹饰。颈、腹、圈足纹饰由宽条的变形兽体纹和棘刺纹相间而成。颈部与圈足各有一周锯齿纹，腹部纹饰上下各有一周连珠纹为界栏。腹部双线勾勒变形兽体纹，线条较粗，中间有粘接物痕迹，可能原有石质镶嵌物。类似青铜尊亦见于江苏武进、丹徒，浙江绍兴，安徽屯溪等地，这是属于吴越文化的青铜铸品，其造型仿自西周时期的筒形尊，而所装饰棘刺纹、锯齿纹则是最富有吴越青铜器特点的纹饰。

淀山湖遗址

淀山湖位于上海市青浦区西部和江苏省昆山市，是上海最大的天然淡水湖泊。淀山湖遗址中曾发现有石簇、石锛等石质武器和工具。

　　1980年，当地渔民在生产活动中，于湖底捞出青铜勾镶数件。

118

青铜勾鑃

BC1200	BC800		BC400	AD	AD400	AD800	AD1200	AD1600	AD2000

春秋晚期（前6世纪上半叶—前476）

1980 年青浦区淀山湖遗址出土
高 33.2 厘米，口部长径 13 厘米，短径 9.5 厘米

合瓦形腹，长柄，可插在架上演奏。下腹部上层饰倒蝉纹，内填两组单阳线 "S" 形纹。下层饰七组变体兽面纹，由双阳线组成兽面的各部分，形象抽象。长柄上部也饰兽面纹，方形眼、大口，双角上扬，线条粗壮。勾鑃是成组演奏的乐器，此是其中的一件。

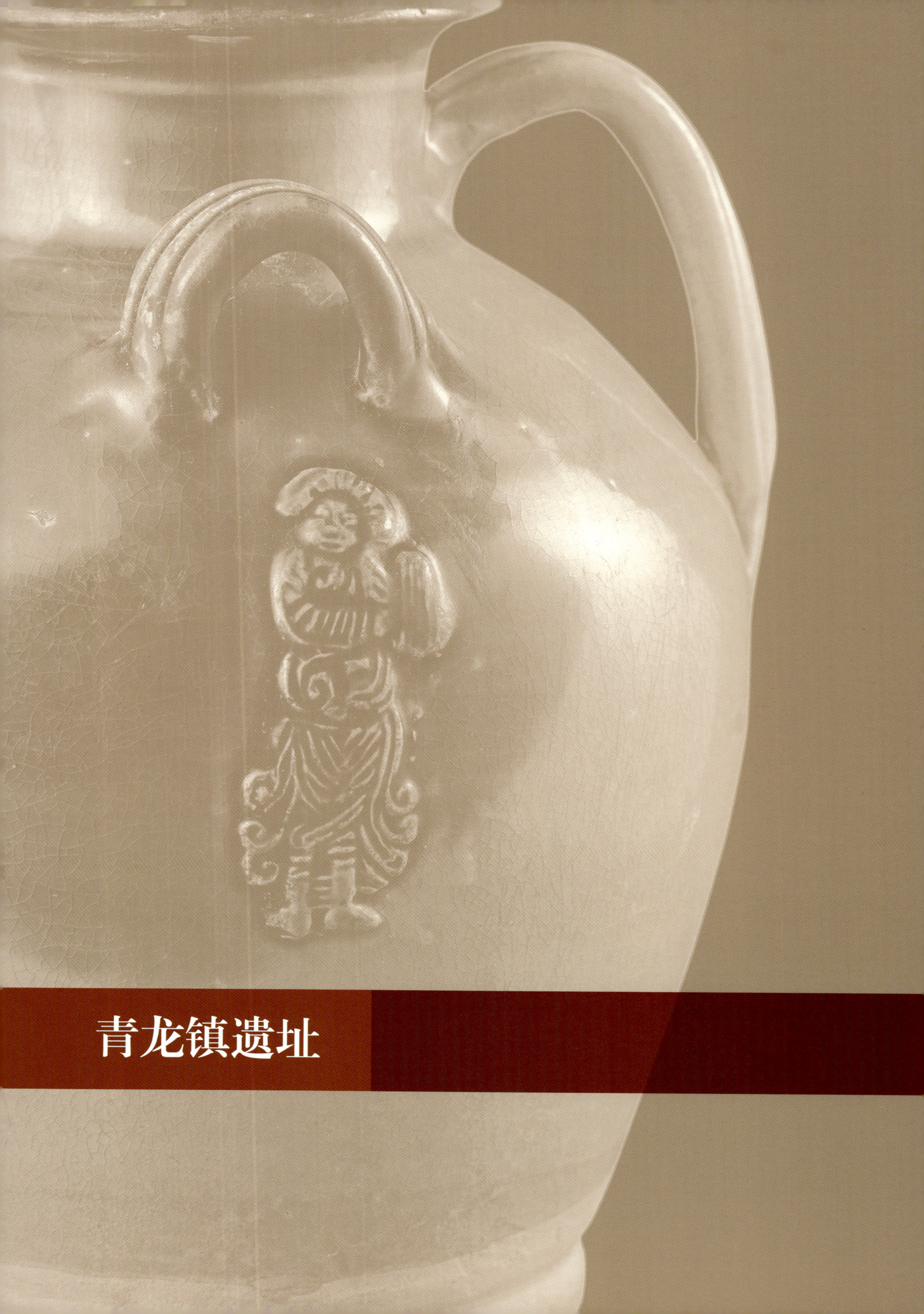

青龙镇遗址

青龙镇遗址位于上海市青浦区白鹤镇青龙村，面积约 25 平方公里。近年，青龙镇考古发现了唐宋时期的房基、窑址和冶炼作坊等遗迹，出土了大批产自浙江越窑、湖南长沙窑的精美瓷器，逐步揭示出了一个社会繁荣的江南市镇。

褐釉腰鼓

褐釉腰鼓

| BC1200 | BC800 | BC400 | AD | AD400 | AD800 | AD1200 | AD1600 | AD2000 |

唐代（618—907）

■ 2012 年青浦区青龙镇遗址出土
鼓长 58 厘米，面径 18 厘米

■ 腰鼓广口，两端粗圆，中间细，内空。鼓为泥条盘筑，近口沿处经慢轮修整，分两段制作后对接而成。外壁凸起弦纹五道，近口沿处各有一周凹弦纹。表面施褐釉，釉面光洁，釉层肥厚，有细冰裂纹，状如发丝，内壁无釉。两端无缘无釉，可蒙皮。一端有修补。

■ 唐代腰鼓主要有两种演奏方式，一种是腰鼓放在腿上，双手拍击，击鼓人位于乐队前面，服饰有标记，作为乐队的指挥；另一种是乐伎挂腰鼓于胸前，边舞边击。这些形象在敦煌壁画中有生动的表现。

长沙窑褐彩乐人贴花执壶

BC1200	BC800	BC400	AD	AD400	AD800	AD1200	AD1600	AD2000

唐代（618—907）

■ 1988 年青浦区青龙镇遗址唐代水井出土
高 18.5 厘米，口径 7.5 厘米

■ 敞口，卷沿，短颈，深弧腹，饼形底。八棱形短流，环錾，肩上立二系，錾与系用三根泥条并列粘贴而成。底系拼接而成，内底施一层很薄的透明釉。胎色灰白，施一层白色化妆土。青黄色釉，在口沿、颈、腹部有褐彩，釉色莹润光洁。圈足处露胎，内壁有轮旋形成的弦棱。流和双系下粘贴胡人乐人模印贴片。

■ 长沙窑瓷器在青浦青龙镇遗址近年发掘中多有发现。青龙镇遗址位于青浦区白鹤镇，唐宋时称青龙镇，是长江下游的水上交通枢纽，内河转口贸易的集散地，东南沿海地区的重要港口之一。

鹦鹉衔枝绶带纹铜镜

| BC1200 | BC800 | BC400 | AD | AD400 | AD800 | AD1200 | AD1600 | AD2000 |

唐代（618—907）

■ 2012 年青浦区青龙镇遗址出土
直径 28 厘米

■ 半圆钮，莲瓣纹钮座。镜背纹饰为一对展翅飞翔的鹦鹉，喙部粗壮，身躯肥硕，羽翼丰满，长尾飘曳。口衔折枝花果，折枝花果纹花朵盛开、枝叶繁茂、果实成熟。爪攫蓓蕾花结绶带，长长的蓓蕾花结绶带共有两组，尾端系流苏，婉转飘荡，似在空中飞舞。镜体颇大，线条流畅，气韵生动，是一面铸作精美的唐代铜镜。

志丹苑水闸遗址

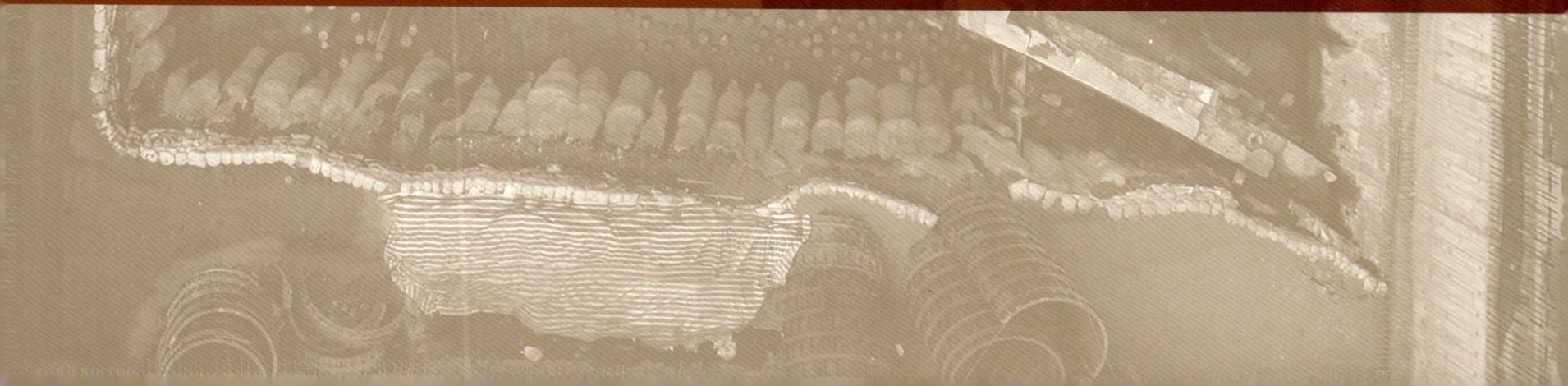

志丹苑水闸遗址位于上海市普陀区志丹路和延长西路交界处，2001 年发现，2006 年被评为中国十大考古新发现，由元代著名水利专家任仁发主持建造。

　　水闸平面呈对称八字形，总面积约 1500 平方米。上层主体部分由闸门、闸墙、底石等几大部分组成。闸墙外侧依次加固衬河砖、荒石和用碎砖瓦及黄土夯筑的三合土。下层基础部分为平铺的衬石木板，其下栽密集的地钉。水闸设计建造科学，保存完好，是中国古代水利工程的杰作。

铁锭榫

BC1200	BC800	BC400	AD	AD400	AD800	AD1200	AD1600	AD2000

元代（1271—1368）

■ 2001 年普陀区志丹苑水闸遗址出土
长 22 厘米，顶宽 13.5 厘米，中部宽 6 厘米，厚 3.7 厘米

■ 志丹苑水闸底石的石板用铁锭榫连接，其制作方法是先在两块相邻底石连接处开凿锭形凹，再向凹槽内浇筑铁水，制成铁锭榫。用这种方法连接的底石石板坚定牢固，至今仍十分平整。

上海电视大学松江分校金器窖藏

2002 年，上海电视大学（现上海开放大学）松江分校对校区道路进行改造，施工时发现一釉陶罐。罐内用金箔包裹了一批金首饰，有簪、耳环、梳背和手镯等共 9 件。这些首饰纹饰丰富、做工考究，多留有制作者的戳记，是元代晚期窖藏金器的重要发现。

金高士图梳背

BC1200　　BC800　　BC400　　AD　　AD400　　AD800　　AD1200　　AD1600　　AD2000

元代（1271—1368）

2002 年上海电视大学松江分校窖藏出土
长 9 厘米，宽 1 厘米，重 18 克

梳背用金片捶打拼接而成，中部设挡板，背部空当处焊接高士故事图，前面装梳子，原装梳子已佚。图画起首为一株侧卧松树，老干虬枝，节疤累累，松针纷披。中部一老者头戴僕巾，身着粗布长衫，臂挎飘带，仙风道骨，手指前方，似有所语。身后幼者拱手作揖，神情恭敬。两人之间，飘带之下，錾刻一朵菊花。幼者身后，梅枝掩映一攒尖茅草亭。松、竹、梅为"岁寒三友"。一脚处凿"张壹郎"一行三字楷书款记，字体细长，工整有力；另一脚处刻"十分金造"行四字行楷书铭文，字体稍扁，结构停匀。

金高士图梳背

134

金童子执牡丹纹簪

BC1200	BC800	BC400	AD	AD400	AD800	AD1200	AD1600	AD2000

元代（1271—1368）

■ 2002 年上海电视大学松江分校窖藏出土
　　长 12.8 厘米，重 18 克

■ 簪首底部呈蕉叶形，下垂如意云尖，边缘錾刻连珠纹饰，上托童子执牡丹纹，簪脚扁平。童子为圆雕，头发中分，面相丰腴，双目圆睁，弯月眉，高鼻小口，手足和衣纹刻画简略。双手执折枝牡丹，右脚抬起，势若前行。花叶和花瓣用金片锤打而成，扁平宽阔，上刻细线纹以示叶脉，金丝掐成的花梗婉转流畅。花的各部件和童子分作，再焊接于簪首底部，童子头顶一朵大牡丹花，身后透迤一丛花枝，至顶部收分成尖，摆向一侧。这是一支鬓簪，插于额角两边。

金鼠噬瓜瓞纹簪

BC1200　　BC800　　BC400　　AD　　AD400　　AD800　　AD1200　　AD1600　　AD2000

元代（1271—1368）

■ 2002 年上海电视大学松江分校窖藏出土
长 12 厘米，重 16 克

■ 鼠噬瓜瓞纹簪首，扁平簪脚，二者以粗金丝绞合。老鼠尖嘴，嵌金珠圆眼，小耳竖立，四肢蜷卧，神态机警灵敏，身躯圆鼓，长尾摇曳，毛发刻花纤毫毕现。一对瓜瓞果实饱满，头长花秧，尾生长梗，隐藏在繁茂的枝叶下。金片打成的大花叶多成三瓣，叶片舒展，边沿卷曲，筋脉分明，上面还留有几个老鼠噬的小圆洞。作品风格细腻，生动活泼，充满田园野趣。

金鼠噬瓜瓞纹簪

文化上海·典藏

136

金松鼠噬瓜果纹簪（一对）

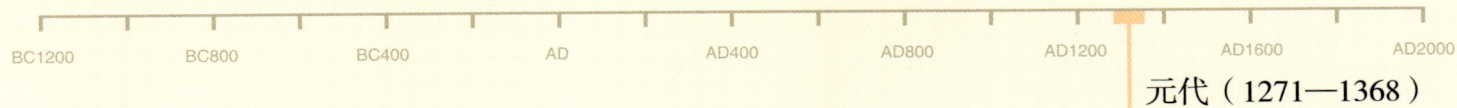

BC1200	BC800	BC400	AD	AD400	AD800	AD1200	AD1600	AD2000

元代（1271—1368）

■ 2002 年上海电视大学松江分校窖藏出土
  长 11.2 厘米，重 11 克

■ 簪首作扁圆状，与扁平簪脚连成一体，连接部位呈亚腰形。图案分上下两层，上层中部捶打一朵五瓣瓜花，饼形花蕊，四周点缀瓜叶；下层顶部中央瓜叶掩映下的松鼠，大耳外露，尾巴宽阔，作回首噬花果状，两侧为一对绽开的石榴，再下为一对瓜瓞。簪脚上部錾刻卷草纹，中部凿"余贰郎"一行三字款印记。纹饰细部处理相对草率。"余贰郎"应为制作者名号，宋代已多见此类，元代工匠延用。

金双龙戏牡丹纹簪

2002 年上海电视大学松江分校窖藏出土
长 11.2 厘米，重 11 克

簪首与扁平簪脚长度相当，纹饰分上下两部分：上层为一朵盛开的大牡丹花，金片捶打的锯齿状叶片饱满舒张，俯仰侧卧，层层叠叠，中心包裹大块花心，花蕊点点，怒放之姿与元代晚期青花瓷器上习见的大牡丹花纹有异曲同工之妙；下雕双龙，分列两侧，身躯扭转，盘旋向上，托起牡丹花瓣，龙头隐藏于牡丹花瓣下，龙身头粗尾细，上錾细密扇形鳞纹，背刻脊线，"S"形身躯间自然留出的若干空洞，增添了金簪的"通透"感。簪脚上部的碎点卷云纹已漫漶不清，下端錾"王贰□□造"一行五字款印记。类似簪首纹样也见于内蒙古赤峰市敖汉旗吉合窑村出土的元代金钗钗首上。

文化上海·典藏

138

金双龙戏牡丹纹簪

金执荷童子耳环（一对）

BC1200	BC800	BC400	AD	AD400	AD800	AD1200	AD1600	AD2000

元代（1271—1368）

■ 2002 年上海电视大学松江分校窖藏出土
通高 6.1 厘米，各重 9 克

■ 耳环下垂圆雕童子，童子方额尖颌，天庭较长，饱满宽阔，五官集中于脸庞下部。阴刻眼线，中部点睛，眼梢上挑，眼睑肿胀，眯眼微张，神情安详。鼻梁高耸，鼻翼开张。嘴唇上薄下厚，嘴角凹陷，似含笑意。双耳隐起，耳窝深陷。身着贴身短衫，背刻一竖线表示对襟。腰系革带，下着蔽膝短裤，裤缘滚边，深刻阴线，有舞动之致。颈带项圈，下钩如意云形锁，饰针点朵花纹。一童头顶扎蝴蝶结，另一童头顶扎双髻。手足带钏。双手握拳，执一长荷梗，与钩脚位置呼应，气韵相通，屈曲绵延，收关在脚踏莲梗处。头顶金片打就盆形荷叶，边缘錾凹窝一圈，下垂荷花至肩。

金龙首连珠纹手镯

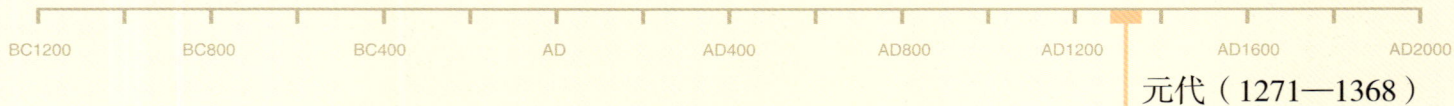

元代（1271—1368）

BC1200　BC800　BC400　AD　AD400　AD800　AD1200　AD1600　AD2000

2002 年上海电视大学松江分校窖藏出土
外径 6.2—6.8 厘米，重 114 克

镯首扁方，正面阴刻龙头，怒目圆睁，张口露齿，上颚外翻，至尖部卷成小圆鼻，腮部一条月牙形肌肉，上阴刻细毛发线，后披竖向毛发。面目狰狞，造型夸张，仍存有战国和汉代同类纹饰遗风，刀工圆劲流畅。后缀连珠颗颗饱满。簪首背面戳压"壹□"两字，后一字漫漶不清，当为制作者名号。同类器物也见于江苏苏州元代张士诚墓。

金龙首连珠纹手镯

谭思通家族墓

谭思通家族墓位于上海市宝山区月浦镇南塘，1972年被发现，南北向，墓圹近方形，有两个穴室，顶部各以3块大石板封盖。左穴的石盖板中部放置石墓志1方，从墓志内容可以确定此穴室主人为宋故承务郎谭思通。没有发现任何随葬品。右穴为谭思通夫人邹氏，南壁、北壁上各砌有壁龛，北壁为上、下两龛，南壁1龛。其中北壁上龛内放置1件陶俑，下龛内放置1件陶屋模型，屋内有铜钱币；南壁龛内亦放置1件陶屋模型。棺内有金银发簪、耳坠、佩饰，银元宝、盒、罐，漆盒、碗、盘等随葬品。

银
鎏
金
鸳
鸯
衔
荷
纹
帔
坠

银鎏金鸳鸯衔荷纹帔坠

BC1200	BC800	BC400	AD	AD400	AD800	AD1200	AD1600	AD2000

南宋（1127—1279）

■ 1972 年宝山区月浦镇南塘谭思通家族墓出土
高 8.3 厘米，宽 6.6 厘米，厚 1.6 厘米，重 20 克

■ 本品为鸡心形，由模压的两片金片扣合而成，压好后将纹饰底部金片剪掉，形成镂空地子，剪口边缘还有许多毛茬。边饰花朵纹间连珠纹，中心为一对交颈鸳鸯，口衔绶带，上系荷花，下垂绣球，尾羽后伸出两只莲蓬，下铺一张大荷叶。各部件上錾刻细线、圆圈和莲瓣纹等装饰。帔坠是挂于霞帔底端作为压脚的装饰，顶端有孔，用以悬挂。

银瓜棱盒

BC1200	BC800	BC400	AD	AD400	AD800	AD1200	AD1600	AD2000

南宋（1127—1279）

■ 1972 年宝山区月浦镇南塘谭思通家族墓出土
直径 15 厘米，盒身高 6.5 厘米，口径 14.7 厘米，重 184 克

■ 瓜棱盒共七瓣，盒盖与盒身口沿压印卷草纹带，鱼子纹地。盖顶图案模印压制，具有浅浮雕效果。开光内饰主题纹样：仙山中安坐一贵妇，斜肩瘦削，身形窈窕，身着交领内衣，外披锦地宽袖对襟长袄，足登如意云头履，周围苍松翠竹、仙鹤翱翔，身后祥云缭绕。身后侍立一童子。贵妇对面的孩童，头系草枝，手托一盘，似在奉献奇珍异宝。此类仙山、仙鹤、松竹、祥云、奇珍异宝的组合图案具有向妇人祝寿的含义。盒底凹线开光，内阴刻一对梅花鹿，其中一只口吐祥云托"福"字，寓意福禄，周围衬以竹、梅、小溪。盖、底图案一阴一阳，上阳下阴，组合成向妇人祝愿福禄寿的美好含义。

金凤首梅花纹簪

BC1200　　BC800　　BC400　　AD　　AD400　　AD800　　AD1200　　AD1600　　AD2000

南宋（1127—1279）

■ 1972 年宝山区月浦镇南塘谭思通家族墓出土
长 17.5 厘米，簪脚长 15.5 厘米，宽 0.2—0.8 厘米，重 23 克

■ 凤为丹凤眼，小圆睛，鸟喙，喙顶焊接一束莲花。两束火焰状头发上举，颈部毛发披散后飘。下焊一圆管，与簪脚套接，凤首可以转动。簪脚扁平，以金片捶打而成，S形弯头插入簪首圆管内，中部渐宽，至尾部收缩成尖，弯弧舒展如彩虹。背部金片模压折枝梅花纹，啄糙地，反衬出主体纹饰的浅浮雕效果。下垂针点莲纹。

上海出土文物精品选 —— 谭思通家族墓

金凤首梅花纹簪

147

谭伯龙夫妇墓

谭伯龙夫妇墓位于上海市宝山区月浦镇丁家，1978年发现，为一双穴糯米浆石板砖室墓。两穴上各盖3块大石板。东穴未发现随葬品。西穴内出土有铁买地券、铁牛、金簪、钗2件，银簪，影青瓷盒1件等共计17件。根据买地券上的朱砂文字，判断为谭伯龙及其夫人李氏的墓葬。

金累丝龙首海棠形镂空簪

金累丝龙首海棠形镂空簪

BC1200	BC800	BC400	AD	AD400	AD800	AD1200	AD1600	AD2000

南宋（1127—1279）

■ 1978 年宝山区月浦镇丁家谭伯龙夫妇墓出土
长 12.6 厘米，镂孔 0.1—0.4 厘米，重 8.5 克

■ 簪子工艺繁复，先用金丝编成龙头上颚、额头和面部边框，再用细金丝卷成的圆圈平铺填就。下颚和颈部用扇形小金片叠铺成鱼鳞纹。粗金丝掐成龙须和双层龙角。前排弯角间承一圆托，镶嵌物已佚失。龙睛用金球做成，下有脚，插入龙头内固定。簪脚用金丝掐成大小不等的海棠形框架，焊接连缀而成，上粗下尖，玲珑剔透。

金累丝凤首梅花纹簪

BC1200　　BC800　　BC400　　AD　　AD400　　AD800　　AD1200　　AD1600　　AD2000

南宋（1127—1279）

■ 1978 年宝山区月浦镇丁家谭伯龙夫妇墓出土
长 17.2 厘米

■ 簪首用金片捶打成凤首的鸟喙，金珠点眼。喙顶花冠和颈部毛发用小金连珠焊接的各式卷云纹拼缀而成，以金背托底。簪脚扁平，边缘随形阴刻线开光，内饰梅花，啄糙地。簪首工艺繁复，先用金丝编成龙头上颚、额头和面部边框，再用细金丝卷成的圆圈平铺填就。簪脚背部刻"陈铺"一行二字铭文。

金累丝龙首海棠形镂空簪

上海出土文物精品选 — 谭伯龙夫妇墓

151

任仁发家族墓

任仁发，字子明，号月山，青浦区青龙镇人。元代著名水利专家和画家。其家族墓地位于上海市青浦区重固镇高家台，1952 年发现。墓地占地面积约 8 亩，共发现 6 座南北向石圹墓。从出土的 8 方墓志可知，这座墓地包括了任仁发及其儿子任良佑、任贤才、任贤德、任贤能；侄子任良辅、陈明（任明）；孙子任士文妻子钦察台氏守真荣等人的墓葬。随葬包括南宋官窑瓷器在内的瓷器、漆器、铜器、金银器和玉器等珍贵文物 70 多件。

龙泉窑青釉刻花花卉纹炉

| BC1200 | BC800 | BC400 | AD | AD400 | AD800 | AD1200 | AD1600 | AD2000 |

南宋（1127—1279）

■ 1952 年青浦区重固镇高家台任仁发家族墓出土
高 9.6 厘米，口径 13.5 厘米，底径 12.1 厘米，凸圈足高 0.9 厘米，径 5.6 厘米

■ 直口，平折沿，腹部圆筒形，下承三马蹄足，底部下托悬空假圈足。器外壁施青釉，圈足露胎。内壁有轮镟形成的弦纹，炉身外壁模印贴花缠枝牡丹纹，四朵牡丹花一上一下，花叶疏朗有致。

龙泉窑青釉刻花花卉纹炉

郊坛下官窑双耳炉

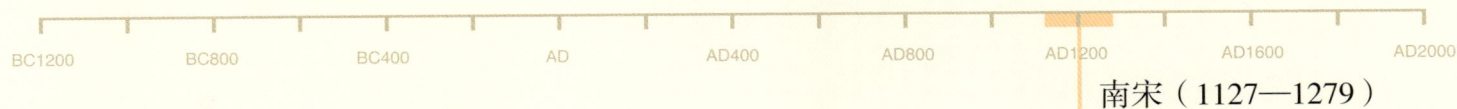

BC1200	BC800	BC400	AD	AD400	AD800	AD1200	AD1600	AD2000

南宋（1127—1279）

■ 1952 年青浦区重固镇高家台任仁发家族墓出土
高 8.4 厘米，口径 11.2 厘米，底径 8.5 厘米，腹径 12.4 厘米

■ 敞口，束颈，颈下施凸弦纹一周，扁圆腹，圈足，腹两侧附兽形双耳，内底有三个、外底有六个褐色的支钉痕。通体施青灰乳浊釉，釉层肥厚，细开片，釉面有针眼状的缩釉点。器形端庄、古朴、典雅。
簋仿商周青铜簋的造型。南宋礼制复古，瓷器流行仿古造型，见有仿自商周铜器的炉、尊、觚、良渚玉器的琮式瓶等器物出土。

郊坛下官窑贯耳瓶

■ 1952 年青浦区重固镇高家台任仁发家族墓出土
高 12.8 厘米，口径 3.2 厘米，底径 5.2 厘米，腹径 8.1 厘米

■ 直口，长颈，扁圆腹饱满，圈足。长颈上方附贯耳，耳与口沿平齐。颈与腹部系拼接而成。通体施灰青乳浊釉，有大小开片，纵横交错，变化万千。口沿处显露淡紫色胎，足端露胎处多见黑色，即文献记载中的"紫口铁足"。

■ 这种瓶与文献所载投壶相似。元人诗歌中记述投壶之诗词颇多，如白朴《西江月·李元让赴广东帅幕》："政自雄心抚剑，不妨雅唱投壶。长缨系越在须臾。看扫蛮烟瘴雨。"萨都剌《花山寺投壶》："系马岩花落，投壶山鸟惊。"

郊坛下官窑双耳炉

郊坛下官窑胆式瓶

BC1200	BC800	BC400	AD	AD400	AD800	AD1200	AD1600	AD2000

南宋（1127—1279）

■ 1952 年青浦区重固镇高家台任仁发家族墓出土
高 15 厘米，口径 2.2 厘米，底径 5.1 厘米，腹径 7.7 厘米

■ 小口，长颈，溜肩，鼓腹下垂。通体施青灰乳浊釉，釉层较厚，釉面乳浊失透，开片细密，纵横交错，口沿釉薄处和圈足无釉处显出官窑器特有的紫口铁足特征，造型稳重典雅。

■ 这种瓶主要是用作花瓶，是士大夫的一种文房雅玩。宋元文人常有诗咏胆式瓶，如元代许有壬"瓮牖风来书叶乱，胆瓶花落砚池香"。

景德镇窑卵白釉三足炉

158

景德镇窑卵白釉三足炉

BC1200	BC800	BC400	AD	AD400	AD800	AD1200	AD1600	AD2000

元代（1271—1368）

■ 1952 年青浦区重固镇高家台任仁发家族墓出土
高 10 厘米，口径 9.5，底径 5.2 厘米

■ 直口厚唇，直领，溜肩鼓腹，平底，口沿至领部贴两竖耳，下承三兽足。外施卵白釉，内不施釉。
■ 景德镇窑是我国古代名窑之一。元代中晚期出现了釉面乳浊失透的卵白釉，其中印有"枢府"字样的卵白釉瓷是枢府院定制的专用瓷。

景德镇窑卵白釉带座戟耳瓶

BC1200　　BC800　　BC400　　AD　　AD400　　AD800　　AD1200　　AD1600　　AD2000

元代（1271—1368）

■ 1952 年青浦区重固镇高家台任仁发家族墓出土
瓶高 16.8 厘米，口径 3.1 厘米，底径 4.1 厘米
瓶座高 9.3 厘米，口径 8.1 厘米，底径 8.4 厘米

■ 座、瓶分制。瓶，小喇叭口，细长径，鼓腹下垂，颈腹间双戟耳，直圈足。釉色泛青有光泽。瓶座，由上下两部分组成：上部为六方凳，造型源自木作家具。冰盘沿较宽，有束腰，开四瓣海棠式鱼门洞，鼓腿彭牙，大挖腿内翻，马蹄足特高。腿间开光扁圆。面板处开一圆孔以承小瓶，整体造型似一香几。下部为须弥座，宽冰盘沿、束腰、托腮，下承六如意足，或有角牙。

■ 此式座瓶在任仁发家族墓中成对出土，与卵白釉三足炉配套使用。类似器物还见有青花。

景德镇窑卵白釉带座戟耳瓶

景德镇窑卵白釉印花云龙纹高足碗

景德镇窑卵白釉印花云龙纹高足碗

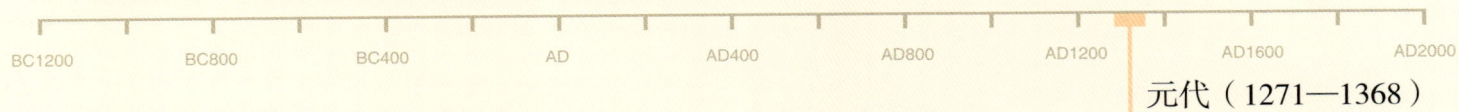

BC1200	BC800	BC400	AD	AD400	AD800	AD1200	AD1600	AD2000

元代（1271—1368）

■ 1952 年青浦区重固镇高家台任仁发家族墓出土
高 13.3 厘米，口径 13.8 厘米

■ 敞口，弧腹，高圈足，圈足与碗身系拼接而成。碗内壁印五爪行龙两条，碗心印朵花和变形莲瓣纹。整器胎质
轻薄，釉面光洁，纹饰典雅，造型规整。碗内行龙与上海博物馆藏"太禧"铭卵白釉印花云龙八宝盘的纹饰风
格一致。双角五爪行龙纹在延祐后被定为帝王专用图案。如此精细的皇家用瓷出现在任氏家族墓中，极有可能
来自于皇家赏赐。

剔红东篱采菊图圆盒

BC1200	BC800	BC400	AD	AD400	AD800	AD1200	AD1600	AD2000

元代（1271—1368）

- 1952 年青浦区重固镇高家台任仁发家族墓出土
  口径 12 厘米，高 3.9 厘米

- 此盒圆形，平顶，直壁，子母口。外髹枣红色朱漆，盒内及底部髹黑漆。盒面中心雕一老者头戴风帽，身着袍服，策杖而行；后随一仆童，双手捧着一盆盛开的菊花。行云流水般的曲线做锦地，布满空间。整个画面表现的是陶渊明"采菊东篱下，悠然见南山"的意境。盒壁刻两两相对的双线回纹。整器漆色幽暗，漆层厚实，漆质坚固，剔刻犀利，雕工娴熟。此器由当地农民在任氏墓地挖到后上缴的，属于元墓出土的为数极少雕漆器之一。

黑漆莲瓣形奁

黑漆莲瓣形奁

| BC1200 | BC800 | BC400 | AD | AD400 | AD800 | AD1200 | AD1600 | AD2000 |

元代（1271—1368）

■ 1952 年青浦区重固镇高家台任仁发家族墓出土
高 38.1 厘米，径 27.2 厘米

■ 奁呈八瓣莲形，盝顶，深圈足，由盖、盘、中格、下格、底层五部分组成，层与层之间用子母口相合，原有金属镶扣，严丝密缝。木质圈叠胎为里，器形极其规整。里外均髹黑漆，通体光素无纹，漆色铮亮。此器造型优美，制作精良，体型硕大，是宋元时期同类器物中所知最大的一件。

■ 此奁第一层的浅盘内出土时置铜镜一面；中格内存放四只黑漆小圆盒，从盒内残留的印记看，似还有粉扑之类。此奁的器形、制作工艺基本上与宋代漆奁很相似，但其底部附有高圈足，与宋墓出土的漆奁不同，却与元墓中出土的银奁相似，故暂将此奁归于元代。

银莲花纹菱口盘

BC1200　　BC800　　BC400　　AD　　AD400　　AD800　　AD1200　　AD1600　　AD2000

元代（1271—1368）

■ 1952 年青浦区重固镇高家台任仁发家族墓出土
直径 12 厘米，高 1.1 厘米，重 40 克

■ 圆凸唇，宽平沿，口沿为七瓣菱形，斜腹、平底。每个菱形口沿内錾刻折枝莲花一朵，枝叶分披，花形饱满，
头部錾刻短划线纹。与宋代相比，元代宽沿器物增多，短划线间距更加稀疏，花叶造型饱满有气度。

银莲花纹菱口盘

金累丝嵌松石项链
金累丝嵌松石珊瑚罟罟冠饰
金累丝嵌珠石帽花

金累丝嵌珠石帽花

■ 1952年青浦区重固镇高家台任仁发家族墓出土
长5.8厘米，宽2.5厘米，重15.4克

■ 对开双花形。在金片围出的轮廓内，以金丝掐出花瓣、花蒂的边框，用花丝在花蒂处填饰卷草纹。边框上饰金珠。对称镶嵌绿松石、珍珠等宝石。底托有穿，可缀缝于帽冠之上。

金累丝嵌松石珊瑚罟罟冠饰

■ 1952年青浦区重固镇高家台任仁发家族墓出土
长21厘米，宽1.8厘米，重31.6克

■ 长条幡形，以花丝掐制成的卷草纹为地纹，其上有金丝掐制而成的花叶纹，花枝上有金丝堆垒而成的圆球形果实。近边框处装饰卷云纹。金饰一端为掐丝莲花形，另一端为掐丝如意形。花叶上镶嵌有绿松石、青金石、红珊瑚等宝石。莲花内镶嵌红珊瑚，如意内镶嵌青金石、绿松石。轮廓和边框上均饰有金珠。

金累丝嵌松石项链

■ 1952年青浦区重固镇高家台任仁发家族墓出土
长48厘米，重14.4克

■ 由多股金质花丝编结而成。花丝的孔洞中嵌有35颗长方形绿松石。项链的两端有火焰形金托，托上饰有金珠。托内一端为弯钩，另一端为圆圈，可钩合佩戴。

青玉莲鹭纹炉顶

BC1200　　BC800　　BC400　　AD　　AD400　　AD800　　AD1200　　AD1600　　AD2000

元代（1271—1368）

■ 1952年青浦区重固镇高家台任仁发家族墓出土
高4.6厘米，底径3.8—4.6厘米

■ 底座近圆形，钻凿四个小圆孔，用以镶嵌在香炉盖顶上。炉顶上部采用多层镂雕技法，顶部一张一合两张莲叶，莲心深凹，边缘锯齿纹，两侧下垂莲蓬，上刻菱格纹，炉顶隆起似馒头状。下部透雕苇叶和水草，枝叶肥厚，中心叶脉线深凹。繁茂的水草中间圆雕鹭鸶，小圆头，细长喙，长冠，长颈，身躯圆鼓，羽翅以长阴刻线表示，细长脚。姿态各异，有的昂首前视，有的回头观望。纹饰边缘和线条连接处不做细致修饰，刀工粗犷，为元代晚期炉顶典型器。

文化上海·典藏

168

青玉莲鹭纹炉顶

澄泥蓬莱仙岛图嵌端石连盖砚

BC1200	BC800	BC400	AD	AD400	AD800	AD1200	AD1600	AD2000

元代（1271—1368）

■ 1952 年青浦区重固镇任仁发家族墓出土
长 18.2 厘米，宽 11.6 厘米，厚 4.1 厘米

■ 砚身为长方形，下缘外凸，做成托底。砚堂嵌端石，有翡翠斑等石品。砚首上方框内刻连绵的山峦，两侧山脚下为简略的水波纹，方框左右分刻"朱明曜真"、"醴泉华池"铭文。方框下从砚首到砚尾构成一座两层顶大殿，上层为歇山顶，正脊两端饰对称鸱吻，当中作火焰宝珠，纹饰简略，檐上挂一横匾，刻"蓬莱仙岛"四字；下层两侧用简略竖条线表示檐柱，长方形墨池恰似开窗，砚堂嵌端石处为厅堂，两侧和底边的短横条纹示意檐柱和地面。砚背覆手宽大，中心偏下刻"泽之"一行两字篆书款，字体工整。木砚盖近盝顶，方唇，子口，内顶开一条凹槽。

■ 蓬莱是传说中仙人居住的三座仙岛之一，朱明曜真是道教十大洞天的第七天，亦为仙人统治之所，醴泉和华池位于仙人聚居的昆仑山上。这幅图案刻画了仙人居住的场所，反映了当时人们向往仙界、祈求长生不老的朴素道家思想。

潘允徵墓

潘允徵，是明嘉靖刑部尚书潘恩的大弟。墓地位于黄浦区肇嘉浜路，包括了潘惠夫妇，及其子潘允徵、潘允修夫妇的墓葬。1960 年发掘，出土了墓志、买地券和金、银、铜、锡器等文物，其中潘允徵穴室出土的木仪仗俑群模型是了解明代仪仗制度的重要材料。

木仪仗俑群

| BC1200 | BC800 | BC400 | AD | AD400 | AD800 | AD1200 | AD1600 | AD2000 |

明代（1368—1644）

■ 1960 年黄浦区肇嘉浜路潘允徵墓出土
高 20—21 厘米

■ 仪仗俑群由45个木俑组成，走在前面的是敲锣打鼓、吹奏弹唱的伎乐俑；"肃静"、"回避"牌后是一班头戴梁冠的文官俑，有的手执长仗，有的手捧官印；最后是侍俑，抬轿、撑伞。这批木俑形态写实，表现了明代官吏浩浩荡荡出巡的场景，对研究明代官吏制度、服饰制度和仪仗制度具有重要价值。

文七品鸂鶒补子

明代（1368—1644）

1960 年黄浦区肇嘉浜路潘允徵墓出土
边长 36 厘米

此片鸂鶒方补缝缀于潘允徵身穿的七品官服上。补子上部为天际，绣祥云朵朵；中部绣一对鸂鶒，一只在地面张翅回望，跃跃欲飞，另一只于天空振翅俯身，伸足扭身欲落地，两禽鸟相互呼应，嬉戏于石树花草之间。左边一角绣梅花树，树枝盘曲，直入天际；中部绣牡丹花丛，枝蔓蜿蜒，花开娇艳；底部绣玲珑湖石、兰草和坡地。整个补子寓意廉洁清雅，同时也意喻青云直上、富贵吉祥。补子以褐色五枚缎为绣地，经密70根/厘米，纬密42根/厘米。除鸂鶒面腮和眼睛处用绒线绣外，余均以暗黄色双股捻线为绣线。主要针法为：戗针绣祥云、大朵花和湖石；刻鳞针绣翎羽；铺针和钉线绣绒羽、尾羽、树干和坡地；齐针绣小朵花、叶片和枝条等；打籽针绣花蕊。虽然补子色彩已褪去，但从针法上仍能看出原作五色璀璨、色艺兼具。

文七品鸂鶒补子

潘允端夫妇墓

潘允端夫妇墓位于上海市徐汇区龙华，潘允端是上海豫园建造者，其墓出土了白玉莲鹅纹带饰、白玉龙首螭纹带钩等精美玉器。

白玉龙首螭纹带钩

BC1200　　BC800　　BC400　　AD　　AD400　　AD800　　AD1200　　AD1600　　AD2000

明代（1368—1644）

■ 1973 年徐汇区龙华潘允端夫妇墓出土
长 15.5 厘米

■ 龙首额头平坦，上刻三条上弯弧线，为水滴眼，略外鼓。眉毛上扬，蒜头鼻，口部钻一小圆孔。刻上下两排牙齿，腮部三条小月牙形肌肉。猫耳，末端耳尖，耳窝内卷。螭伏于钩背上，头部微扬，额头宽，水滴眼略鼓，耳尖耸立，五官集中于脸部前面，颌下一缕胡须内卷，额后生角，上身两侧刻短阴刻线表肋骨，卷草尾，末端内卷。龙首与螭距离较长，钩身略似琵琶形，秋葵纹钩钮厚实且长，刀工较圆厚。从纹饰和造型分析为明代早期。

■ 龙华明墓的地理位置和木棺铭旌上残留文字与清同治《上海县志》"明潘允端墓位于龙华，其妻顾氏"记载相符，判断为四川右布政使潘允端（万历二十九年[1601]卒）墓葬。

白玉龙首螭纹带钩

白玉莲鹅纹带饰（一对）

明代（1368—1644）

■ 1973年徐汇区龙华潘允端夫妇墓出土
　　长3.9厘米，宽4厘米

■ 透雕天鹅穿莲梗纹。天鹅细长颈，身体肥硕，羽翅短小，身体上阴刻细密短线纹。

朱守城墓

朱守城，史料无载。墓地位于上海市宝山区顾村朱家巷，1966 年清理，为三穴的夫妇合葬墓。根据木棺上铭旌和买地券上的文字，墓主人分别是朱守城及其夫人王氏和杨氏，墓葬下葬于万历早期。出土了香筒、笔筒、印泥盒、镇纸和花插等文房用品，木料为珍贵的紫檀木和黄花梨木。器物多素面，也有仿古纹饰，印证了明人王世性在《广志绎》中的记载："又如斋头清玩，几案床榻，近皆以紫檀、花梨为尚。尚古朴不尚雕镂。即物有雕镂，亦皆商、周、秦、汉之式。海内僻远，皆效尤之，此亦嘉、隆、万三朝始盛。"明人所谓的"古朴"表现在效仿宋人的仿古趣味，多金石之气。这套文房用品选料讲究、造型或秀美或朴拙，特别注重通过线面的装饰、过渡与映衬来表达器物的神韵，小器大样，是明代晚期苏作家具的珍贵实物。

朱缨竹雕刘阮入天台香筒

朱缨竹雕刘阮入天台香筒

1966 年宝山区顾村朱守城墓出土

高 16.5，径 3.6 厘米

此件香筒是目前所知唯一可确认为朱缨手泽的制作，也是唯一一件经由考古发掘出土的明代名家竹刻，被誉为"无上精品，第一重器"。筒身以竹管琢成，两端配有紫檀木制的底和盖。底、盖均饰浮雕螭纹，内心有用来插放线香的小孔。用竹制作香筒兴起于明代晚期，是香道盛行和竹刻艺术取得突破性发展双重影响下的产物。由于其轻便易携和造型、装饰的高雅格调，兼具实用与玩赏的功能，因而极受文人学士的青睐。

筒身图案以六朝志怪小说《幽明录》中所载东汉时刘晨、阮肇入天台遇神仙的故事为题材创作。作者朱缨的名款刻于洞府门匾阳文"天台"二字之左，为阴文行书"朱缨"和阴刻方印篆文"小松"。

朱缨（1520—1587），字清父，号小松。朱鹤子。嘉定人。工小篆及行、草，画尤长于气韵，刻竹师承家法，名著一时。

紫檀木嵌银丝浅浮雕螭纹扁瓶

紫檀木嵌银丝浅浮雕螭纹扁瓶

BC1200	BC600	BC400	AD	AD400	AD800	AD1200	AD1600	AD2000

明代（1368—1644）

■ 1966年宝山区顾村朱守城墓出土
高8.9厘米，口径2.2—3.1厘米

■ 椭圆口，细长颈，下腹部鼓坠，高圈足。口沿外侧起皮条线，上嵌银丝回纹，圈足外嵌银丝山字纹，纹饰布局宽松规整。腹部铲地浅浮雕上下两条螭纹，三角头、水滴形眼，双眼外侧尖，内侧圆鼓，张口、露齿、如意头鼻翼、大耳，下部内卷，独角，长束发后飘。身躯圆转似漩涡，腿部肌肉健壮，足部双趾。此瓶木材因年久而直条纹棕眼明显，为案头花插类的仿古佳器。

紫檀木嵌大理石笔插小座屏

BC1200　　BC800　　BC400　　AD　　AD400　　AD800　　AD1200　　AD1600　　AD2000

明代（1368—1644）

1966 年宝山区顾村朱守城墓出土
高 20 厘米，底座长 17 厘米，宽 8.5 厘米

这件小座屏两侧立柱固定在平板底座上，属于座屏风一类。屏心装山水纹大理石，用于抵夹立柱的站牙极薄，强度不大，主要起装饰作用。特别之处在于屏风前面装了个小型束腰内翻马蹄足画桌，桌面上和屏风底板上开四个对应圆孔，可以放置毛笔。由于屏风前面装了小画桌，增强了屏风与底座间的牢固程度，故取消了屏心下部常用的披水牙子做法，而采用了壶门式券口结构。该笔插小座屏样式独特，是摆放在书桌或画案之上，集实用性和观赏性为一体的文房佳器。

紫檀木嵌大理石笔插小座屏

紫檀木嵌银丝螺钿狻猊纹摆件

紫檀木嵌银丝螺钿狻猊纹摆件

BC1200	BC800	BC400	AD	AD400	AD800	AD1200	AD1600	AD2000

明代（1368—1644）

■ 1966 年宝山区顾村朱守城墓出土
长 9.3 厘米，宽 5.6 厘米

■ 摆件由托架和内心两部分组成，圆角方形，可开合。内心正面打凹嵌螺钿，现存一狻猊纹，大头，螺发，前有火焰纹，胸部和前肢粗壮，四叶尾，上刻细线毛发，纹饰立体感强。其余嵌饰脱落。口沿嵌银丝云纹一周。

紫檀木嵌银丝螺钿松鹤纹印盒

明代（1368—1644）

BC1200　BC800　BC400　AD　AD400　AD800　AD1200　AD1600　AD2000

■ 1966 年宝山区顾村朱守城墓出土
　直径 8.5 厘米，厚 3.3 厘米

■ 盒盖和盒身分别由紫檀木整挖而成，子母口，平底，浅圈足，用料厚重。盖顶平，运用阴刻、浅浮雕、嵌螺钿等多种手法制成松、鹤、祥云、月亮和山水等图案，构成松鹤延龄的主题，寓意吉祥。所嵌螺钿多脱落。弧壁上嵌银丝螺钿缠枝菊花。口沿上嵌银丝云气纹。云气纹与新莽、东汉时期铜镜上的图案如出一辙。移植汉代纹饰，是明代晚期增加器物古雅韵味的一种重要方法。此印盒集合了多种制作工艺于一身，各部分图案刻画细腻入微，木质的沉稳与螺钿的绚丽交相呼应，显示出明代晚期文房用品华丽多彩的一面。

紫檀木嵌银丝螺钿松鹤纹印盒

黄花梨木盖端石风字砚

BC1200 　 BC800 　 BC400 　 AD 　 AD400 　 AD800 　 AD1200 　 AD1600 　 AD2000

明代（1368—1644）

■ 1966 年宝山区顾村朱守城墓出土
长 21.5 厘米，宽 13.6 厘米

■ 砚台外形因似风字而得名，也称风字砚。前窄后宽，砚尾微翘，下安两小圆柱足，砚首着地。砚堂边缘宽大，砚堂开阔，上留石眼，前有拦水线，与砚缘线相连。砚堂与砚池缓坡状相连，砚池较深。黄花梨木整挖砚盒，内底前端凿两个小圆洞，以承砚足，外底附四条矮足。

文化上海 · 典藏

186

黄花梨木盖端石风字砚

黄花梨木"昭来堂"铭圆盒

BC1200	BC800	BC400	AD	AD400	AD800	AD1200	AD1600	AD2000

明代 （1368—1644）

■ 1966 年宝山区顾村朱守城墓出土
高 4.2 厘米，口径 6.8—8.2 厘米

■ 椭圆形，盖顶微隆，边缘起棱，内侧斜铲地一周。子母口，上下口沿外侧起饱满的灯草线。造型简约，体现出明代尚古朴不尚雕镂的审美取向。盖内刻"昭来堂"一行三字铭文，传抄自古文，笔画拉直，略带篆意。

黄花梨木嵌玉犬镇纸

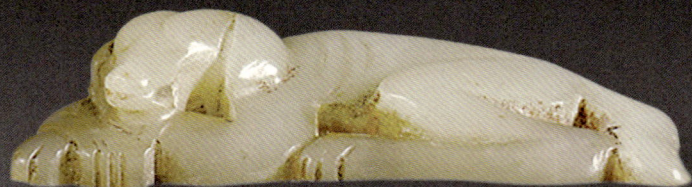

黄花梨木嵌玉犬镇纸

| BC1200 | BC800 | BC400 | AD | AD400 | AD800 | AD1200 | AD1600 | AD2000 |

明代（1368—1644）

■ 1966 年宝山区顾村朱守城墓出土
长 28.2 厘米，宽 3 厘米

■ 黄花梨木长条形压尺，上面周沿打洼儿。中部嵌一玉卧犬，尖嘴，大耳下耷，前肢右爪搭于左爪上，尾部下坠，腹部三条阴刻线表示肋骨，神态温顺，为元代旧物，展现了明代晚期用古的社会风尚。

白玉螭云纹牌饰

明代（1368—1644）

1966 年宝山区顾村朱守城墓出土
残高 3.4 厘米，宽 2.5 厘米

长方形，钮残。边框起矮立边，内铲地浅浮雕螭云纹。一面刻云纹中翻腾的螭纹，三角形头，橄榄形眼，长弧眉，窄鼻梁，眉线与鼻线几乎相连，眉线粗，鼻线细；蒜头鼻，鼻翼两侧外张，上阴刻两短线表鼻孔；小猫耳竖立，耳尖朝上，无耳窝；额头正中生一长弯角，末端卷曲；无发；身躯扭转，长颈下弯，颈背上刻一条脊梁线；身躯略短，臀部肥硕，略显臃肿；四肢大腿长于小腿，粗细差别较大；肘部圆鼓，足部三趾；棍状长尾从一后腿下穿出，上扬，末端卷曲似卷云纹云头；螭纹上下刻波状起伏的云纹。另一面刻云中行走的螭纹，头部圆浑，胸部生双翼，肘部刻卷云纹，尾部双杈，其余细部特征与另一面相同。边框在细密菱格纹地上阴刻仿战国S形云纹。玉牌打磨精细，光洁度高，铲地不平，线刻深峻，为明代晚期子冈牌的标准器。

白玉螭云纹牌饰

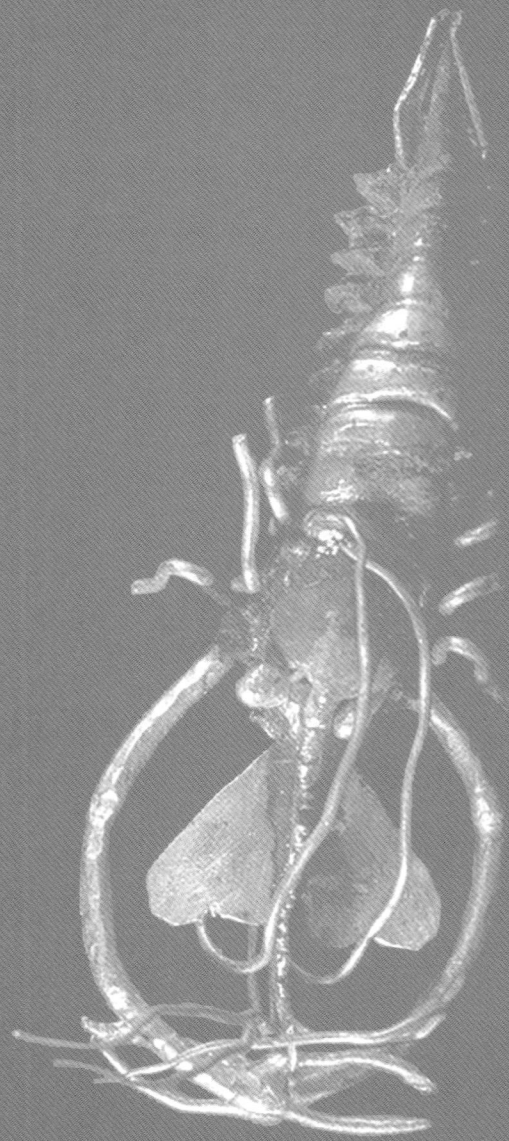

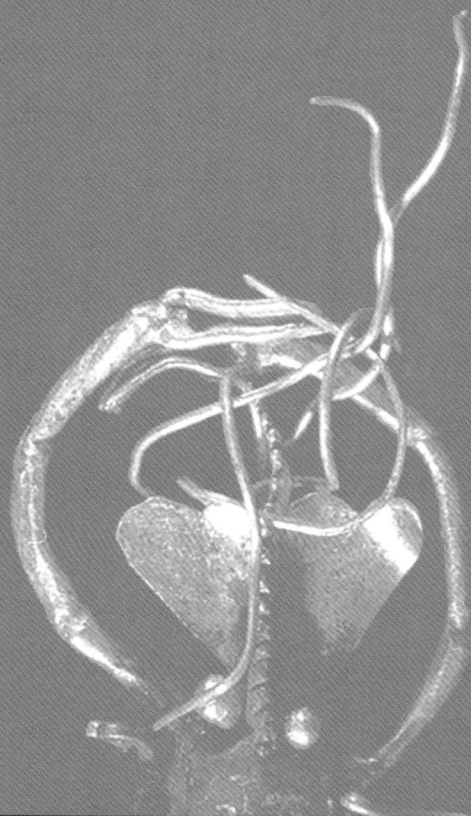

李惠利中学明墓

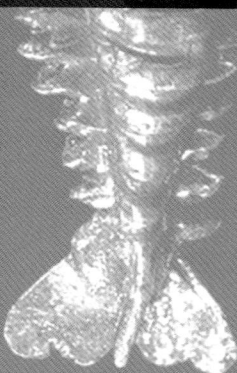

李惠利中学明墓墓地位于上海市黄浦区肇周路、徐家汇路交汇处，1997 年 5 月发掘。墓地保存完整，墓主不明。出土了金银首饰、折扇、铜镜等百余件文物。其中的一件银丝发罩上插满了分心、钿和各式花卉、动物首金、银簪插近 20 件，光彩照人，华丽无比。明代称这样一组簪插称为"一副头面"或"首饰一副"，是妇女盛妆时的扮相。李惠利中学出土的这组"头面"是了解明代妇女头饰插戴方式的重要材料。

银丝发罩

BC1200	BC800	BC400	AD	AD400	AD800	AD1200	AD1600	AD2000

明代（1368—1644）

■ 1997 年黄浦区李惠利中学明墓出土
宽 9.7 厘米，高 9.7 厘米

■ 银丝发罩上插满了各式簪插，主要有：前面的楼阁群仙前分心，额头两侧的金螽斯对簪和银鎏金虾对簪，头顶的玉荷花银脚顶簪，左右两侧的金嵌宝梅花对簪，后顶偏上的金莲花对簪，偏下的金花顶簪，后部插金耳挖一对，后缘饰金杂宝纹钿等近20件。元明时期这样一组簪插称为"一副头面"或"首饰一副"，是妇女盛妆时的扮相。李惠利中学出土的这组"头面"是了解明代妇女头饰插戴方式的重要材料。楼阁群仙前分心，顶端山峰错落，底端为连弧纹。远景为一高台楼阁，近景一群仙人一字排开，站立于栏杆之上，有仙人下界的取势。此类楼阁群仙图样，有群仙庆寿之意。

金三学士图分心

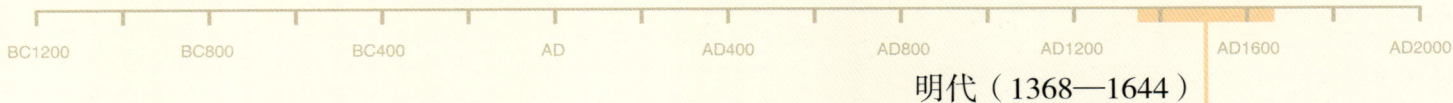

BC1200	BC800	BC400	AD	AD400	AD800	AD1200	AD1600	AD2000

明代（1368—1644）

■ 1997 年黄浦区李惠利中学明墓出土
簪首长 11.2 厘米，高 2.5 厘米

■ 由整张银片模压而成，顶端山峰纹错落有致，底端连弧形，四周边框随形，上錾刻短阴线，内为三个骑马官人和三个随行侍从。中间主者人高马大，头戴官帽，身着刻有补子的官服，锦衣绣鞍，侧身正视，神采飞扬。前后骑者个头略小，或策马前驱，或扭头平视。三匹座骑姿态各异，领头的回望，中间的徐行，后部的扬蹄紧随。每位官人前各有一侍从，或持物，或挑担。中间官人头顶一簇松针。此种图样的完整表现见于重庆中国三峡博物馆的一件金掩鬓，上面还刻绘了亭台楼阁、小桥流水，主体纹饰则同为一队前行的人马。掩鬓背面刻一首"三学士诗"，点明了此类图样的含义。"三学士"语出欧阳修"金堂玉马三学士，清风明月两闲人"诗句，是指欧阳修、赵槩和吕公著三位，他们都是北宋重臣，极受皇帝恩宠。图样有祝愿夫君前程似锦的含义，自然也暗含夫贵妻荣的意味。在"三学士诗"后还刻了首颂词，其句有"寿比南山不老松，长生不老年年在"，与此分心上刻的松树正合，说明此件分心是为主人祝寿而定制。

193

金虾形首簪（一对）

BC1200	BC800	BC400	AD	AD400	AD800	AD1200	AD1600	AD2000

明代（1368—1644）

- 1997 年黄浦区李惠利中学明墓出土
  簪长 7.3 厘米，虾长 3 厘米

- 银片打制虾头、身、尾、脚等部位，银丝掐成钳、须后焊接于身体之上。圆珠点眼。出土时插在银丝发罩额头两侧，簪脚较短，是一种小簪，也称啄针。

金虾形首簪（一对）

明代（1368—1644）

金累丝嵌宝镶白玉葫芦耳环（一对）

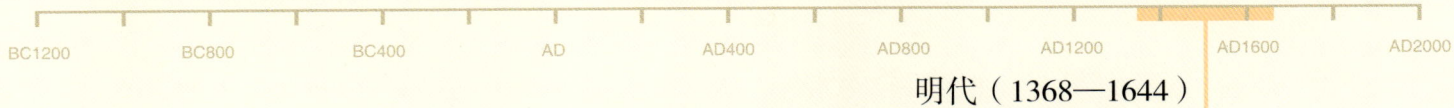

BC1200	BC800	BC400	AD	AD400	AD800	AD1200	AD1600	AD2000

明代（1368—1644）

■ 1997 年黄浦区李惠利中学明墓
高 4.5 厘米

■ 细长钩脚，顶端下垂一丛金叶打成的花蒂，覆在玉葫芦顶上，上累丝平铺填空。玉葫芦上小下大，镂空钱文，顶端开天地孔，以穿钩脚。中腰缠金连珠纹箍，下垂金片打制的花蒂。金叶托底。用料讲究、做工精巧，为明代耳环精品。

顾从礼家族墓

顾从礼，光禄寺少卿。墓地位于上海市黄浦区肇家浜路打浦桥，1993年发掘。并于附近先后发现了包括了太学生顾叙、嘉靖御医顾东川、顾从礼、顾汝达等顾氏家族数代人10多座墓葬。出土了金银首饰、玉器、折扇、铜镜等大量文物，尤其是数量众多的玉器，品种多样、制作精美，代表了明代晚期玉器的制作水平。

青玉谷纹环

青玉谷纹环

| BC1200 | BC800 | BC400 | AD | AD400 | AD800 | AD1200 | AD1600 | AD2000 |

战国（前475—前221）

1993 年黄浦区打浦桥顾从礼家族墓地出土
直径 4.4 厘米

环穿孔及外缘起立边，内侧斜削。中间阴刻两圈谷纹，谷纹圆头，蝌蚪尾。与宋明仿古器相比，玉质明显不同，两面均刻谷纹。谷纹生动活泼，布局无呆板之弊。这件玉器与宋代仿古玉器不同，宋代玉璧两面纹饰多不同；与战国晚期谷纹玉器不同，表现在铲地不平，阴刻线较深，谷纹较大，有春秋时期谷纹遗风，时代应在战国早中期。

白玉飞天簪首（一对）

BC1200　　BC800　　BC400　　AD　　AD400　　AD800　　AD1200　　AD1600　　AD2000

明代（1368—1644）

■ 1993 年黄浦区打浦桥顾东川夫人墓出土
长 5.7 厘米，宽 3.5 厘米

■ 朵云形边框，内透雕飞天。飞天头戴三叶宝冠，双手托花钵，腕带手镯，肘带臂钏，腰间系带，长裙裹足，随风后摆。身驾祥云，扭身侧视，体态略显臃肿。穿插的飘带和身下的祥云搭成边框的底纹。其脸型特征与同时期童子相同，故明代人物有千人一面的说法。

■ 原与银簪脚相配，插在墓主两鬓，当为一对掩鬓，时间为明代中晚期。

白玉飞天簪首（一对）

银鎏金嵌宝镶白玉松鹿绶带鸟牡丹纹帔坠

银鎏金嵌宝镶白玉松鹿绶带鸟牡丹纹帔坠

| BC1200 | | BC800 | | BC400 | | AD | | AD400 | | AD800 | | AD1200 | | AD1600 | | AD2000 |

明代（1368—1644）

■ 1993 年黄浦区打浦桥顾东川夫人墓出土
高 13.5 厘米

■ 帔坠用银片打成长方七边形和扁方六边形边框，以两根短柱支撑。边框起两层立边，上饰连珠纹，中间打洼，除了上层边框底边两角外，其余11个角上均有外凸的圆形碗，其中下面两个石碗嵌宝。正面边框内边缘透雕缠枝菊花，每个花蕊中都有石碗嵌宝。中部开椭圆形和菱形开光，开光内嵌透雕玉花片，上层为松鹿纹，下层为绶带鸟牡丹纹。两件玉饰都采用明代"花上压花"治玉工艺。背面花板为模压的双凤牡丹纹，牡丹纹鼓凸，两只牡丹飞舞四周。正反两面银片扣合而成，夹层中铺一织物衬里。顶端有系，可以缝缀，内仍残留丝线。出土时摆放于霞帔上面，腹部位置。

银鎏金嵌宝镶白玉绶带鸟牡丹纹帔坠

银鎏金嵌宝镶白玉绶带鸟牡丹纹帔坠

BC1200	BC800	BC400	AD	AD400	AD800	AD1200	AD1600	AD2000

明代（1368—1644）

■ 1993 年黄浦区打浦桥顾东川夫人墓出土
长 5 厘米，宽 1.4 厘米，厚 1.1 厘米

■ 鸡心形，边框起两层立边，上饰连珠纹，中间打洼。四面有系，顶系银丝粗大，用以钩挂，三个小系用来缝缀衣物。正面边框内侧周圈透雕菊花纹，花蕊石碗嵌宝。中心圆形开光，双层底座，上饰连珠纹，起立边，伸豹爪，抱一白玉透雕绶带鸟牡丹纹玉饰，玉饰圆形框，较粗，牡丹花瓣饱满肥大，叶片深凹，绶带鸟回首凝望，纹饰高耸，为元末明初旧物。背面花板整张模压双凤绕牡丹纹，下有山石。两面底纹镂孔细密圆整。出土时摆放于霞帔上面，胸部位置。两端系上还残留有丝线。

青玉卧童佩

1993 年黄浦区打浦桥顾从礼家族墓地出土

长 6 厘米

童子平卧，左手撑于后脑，右臂前身，双腿交脚，左脚上扬，右腿微抬。方额圆颔，后脑圆鼓，前额一缕头发，发丝较粗。枣核眼，阴刻眼线，中部横刻阴线，以示眼珠。楔形鼻，嘴巴微张，下唇厚、上唇薄，略带微笑。双耳略凸。身穿窄长衫，衣袖紧缩，双手略大，阴刻衣纹线。下着宽脚裤，双脚外露。左手肘部和两腿间开小孔，系挂时童子也为平卧状。应为明代中晚期玉器。

文化上海·典藏

204

青玉卧童佩

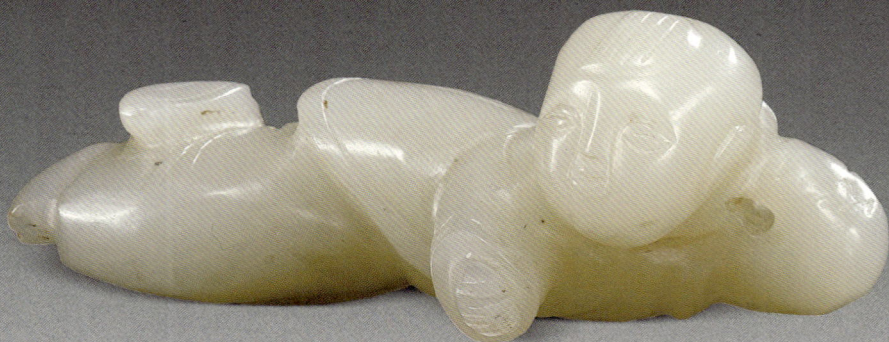

白玉执荷童子扇坠

BC1200	BC800	BC400	AD	AD400	AD800	AD1200	AD1600	AD2000

明代（1368—1644）

■ 1993 年黄浦区打浦桥顾东川墓出土
高 5 厘米

■ 童子头型近方，后脑圆鼓。前额阴刻发丝。方额圆颌，五官匀称，面带笑意。阴刻眼线，眉毛上挑，楔形鼻。身穿对襟长衫，衣袖宽大，衣纹深峻。下着宽脚裤，露出小脚。右臂前屈。左手上屈，手握莲梗。莲梗过肩，在背后分成两支，左侧围卷曲的枝梗，右侧肩部为莲蓬，腰部为盆形荷花，内刻阴线，边缘刻锯齿纹，花叶近地。造型仿宋代童子，但刀工粗犷，线条硬直，多用碎刀。打磨精细，器表玻璃光强，这些都是明代琢工的特点。

白玉双鱼形扇坠

白玉双鱼形扇坠

BC1200	BC800	BC400	AD	AD400	AD800	AD1200	AD1600	AD2000

宋代（960—1279）

■ 1993年黄浦区打浦桥庠生顾君妻陆孺人墓出土
长4.8厘米，宽2厘米，厚1.4厘米

■ 圆雕双鱼，身形瘦小，尖嘴闭口。圆凹点眼，凹坑较深。鳍部退化，上刻细阴刻线，背鳍锯齿状，尾鳍分叉。玉器圆浑，小巧玲珑。内穿银鎏金链条，一端套圆环，用于系挂，另一端与折扇轴头相连。玉质洁白，无杂质，表面光泽柔和，阴刻线细密柔和，底槽干净。背部中央开天地孔，孔为大椭圆形，这些特征多见于宋代玉器，锯齿状背鳍也是宋代玉鱼流行的做法。顾氏墓出土动物形扇坠多为双体，如双鱼、双鸟，是明代流行的一种扇坠形式。

白玉双鸟形扇坠

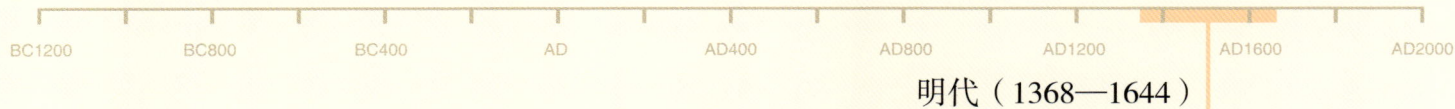

BC1200	BC800	BC400	AD	AD400	AD800	AD1200	AD1600	AD2000

明代（1368—1644）

■ 1993 年黄浦区打浦桥顾东川夫人墓出土
长 3.6 厘米，宽 1.5 厘米

■ 双鸟连体并立。尖嘴，粗短颈，身体肥硕。管钻圆眼，翅羽上刻斜线纹和菱格纹。背穿天地孔，内穿金链，出土时与折扇轴头相连。

■ 据明万历高濂《遵生八笺·燕闲清赏笺·扇坠》记载，明代晚期扇坠颇为流行。本器玉质洁白，做工圆润，造型饱满，为赏玩佳品。

陆深家族墓

陆深，明代词臣。陆深家族墓位于上海市浦东新区陆家嘴，1969 年被发现。包括陆深夫妇及其子陆楫夫妇的墓葬。出土了墓志、买地券、金银首饰、铜镜、折扇和玉器等 100 余件文物。随葬的铜镜富有特色，既有明代铜镜，又有数面唐镜和宋镜。

文化上海·典藏

青玉幻方

BC1200	BC800	BC400	AD	AD400	AD800	AD1200	AD1600	AD2000

元代（1271—1368）

■ 1969 年浦东新区陆家嘴陆深家族墓地出土
高 3.6 厘米，通高 3.5 厘米

■ 幻方呈长方形，顶有两贯耳。正面一圆形凸面，上刻阿拉伯文清真言："万物非主，唯真有主，穆罕默德是主的钦差。"四角阴刻朵云纹。背面一方形凸面，上阴刻一方框，纵横16格，每格内填一阿拉伯数字，纵、横、斜行的数字和均为34。这是穆斯林佩带的护身信物。

朱察卿家族墓

1969 年，上海市黄浦区丽园路清理了明代朱察卿家族墓，依据出土买地券记载，墓主为朱豹、朱察卿父子。朱豹字子文，上海人。卒于嘉靖十四年。同治《上海县志》载朱氏于正德十二年（1517）登进士，官奉化令，后迁福州府知府，著有《福州集》。

朱察卿字邦宪，号醉石，卒年当在隆庆五年（1571）后。太学生。著有《朱邦宪集》。墓地出土的九方玉、铜、木、石质印章，用印形制风格多样，是研究为了解石印材普遍应用年代的重要材料。

金嵌宝镶玉蝴蝶簪首

金嵌宝镶玉蝴蝶簪首

BC1200	BC800	BC400	AD	AD400	AD800	AD1200	AD1600	AD2000

明代（1368—1644）

1969 年黄浦区丽园路朱察卿家族墓出土
宽 5.1 厘米

蝴蝶为蛹状身体，浅浮雕大圆眼，胸刻三角形和横条短划线，尾饰蛇腹纹。双翅舒张，锯齿边，周圈阴刻起阳脚线，线条饱满。羽翅顶端刻卷曲的触须，翅膀上为波浪形的囊线。底托边缘随形作锯齿宽边，双阳线，上錾细密连珠纹，翅膀上端镶两个小石碗嵌宝，下镶两个更小的石碗嵌宝点睛，尾部镶一大石碗嵌宝。粗丝掐成蝴蝶的两条触角，头部点珠。底托背上伸出四根银丝掐成的卷云形脚和四片竹叶形鎏金银叶，抱住玉蝴蝶的翅膀。经拉曼光谱检测，所嵌宝石均为尖晶石。

朱豹、朱察卿用印一组（九件）

| BC1200 | BC800 | BC400 | AD | AD400 | AD800 | AD1200 | AD1600 | AD2000 |

明代（1368—1644）

■ 1969 年黄浦区丽园路朱察卿家族墓出土

■ 1969年，上海市黄浦区丽园路明代朱氏家族墓清理出土玉、铜、木、石质印章九方，分别为："朱氏子文"、"丁丑进士"、"平安家信"木印各一方，"朱氏子文"、 "丁丑进士"、"青冈之印"石印各一方，印主为朱豹；"朱察卿印"玉、铜印各一方，"朱察卿印·朱氏邦宪"穿带铜印一方，印主朱察卿，（为朱豹之子）。

■ 明朱氏家族墓石印的出土，为了解石印材普遍应用的年代，提供了不可多得的研究资料。朱氏父子用印形制风格多样，透露了当时的仿古风气。其中"丁丑进士"石印及穿带铜印刻有名款，是研究篆刻边款演化的新资料。

"朱氏子文"木印

■ 纵 1.7 厘米，横 1.6.5 厘米，通高 3.6 厘米

■ 狮钮。
朱文。印文风格朴拙。

"丁丑进士"石印

■ 纵 2.4 厘米，横 2.1 厘米，通高 3.9 厘米

■ 青田石，螭钮。
边款：周经篆。
白文。印钮造型遒劲，刀法精湛。

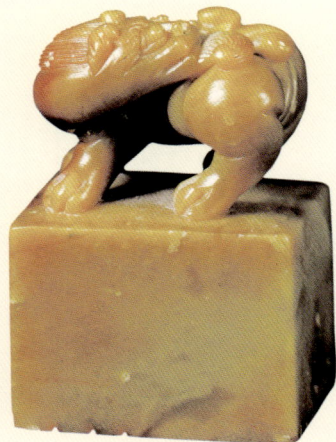

"丁丑进士"木印

- 纵 2.3 厘米，横 2.1 厘米

- 黄杨木，牛钮。
  白文。钮式造型饱满、生动，雕刻技法圆熟。
- 两方"丁丑进士"文字风格与雕缕技法相近，疑出一人之手。

"青冈之印"石章

- 纵 1.6 厘米，横 1.3 厘米，通高 2.7 厘米

- 青田石，虎钮。
  朱文。

"平安家信"木印

- 纵 2.1 厘米，横 2.1 厘米，通高 2.6 厘米

- 朱文。
  顶款：上。
- 此印用于书简，为古代文人用印的品类之一。

"朱察卿印"玉印

- 纵 2.15 厘米，横 2.1 厘米，通高 1.75 厘米

- 覆斗钮。
  白文。形制、印文风格仿汉玉印，端庄规整。

"朱察卿印·朱氏邦宪"穿带铜印

■ 纵 1.6 厘米，横 1.5 厘米，通高 0.78 厘米

■ 白文。
边款：隆庆辛未（1571）为醉石先生篆于口口斋吴复享。
此印有明确纪年。印为黄铜所铸。

 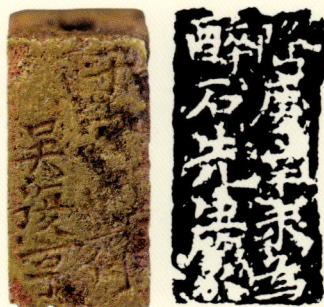 

"朱察卿印"铜印

■ 纵 1.4 厘米，横 1.4 厘米，通高 1.5 厘米

■ 朱文。
顶款：上。
此印用于书简，为古代文人用印的品类之一。

"朱氏子文"石章

■ 纵 1.8 厘米，横 1.8 厘米，通高 2.5 厘米

■ 青田石。
白文。印面见多处划痕，刀法略见生涩。

朱豹、朱察卿用印一组（九件）

唐经幢

松江唐经幢位于上海市松江城区中山东路中山小学内。唐大中十三年（859）建造，总高 9.3 米，现存 21 级，青石砌筑雕刻而成。幢身刻《佛顶尊胜陀罗尼经》及捐助人姓氏名，托座、束腰、圆柱、华盖、腰檐等处浮雕佛、菩萨、天王、龙、狮子、莲座、海水等精美图案。

1962 年维修唐经幢时，在地基中出土了佛造像、建筑构件及青瓷碗、唾盂残件等。

松江唐经幢是上海地区现存最早的地面建筑。宋人许尚《华亭百咏》之《石幢》："屹立应千载，传因海眼成。蓬莱水三浅，曾不见斜倾。"

石佛像残件

BC1200	BC800	BC400	AD	AD400	AD800	AD1200	AD1600	AD2000

唐代（618—906）

■ 1962 年松江区唐经幢地基中出土
残高 30.2 厘米，宽 12 厘米，厚 9 厘米

■ 石灰岩质。头、颈残佚。此尊佛像溜肩，双臂自然下垂，双手至腹际相叠结禅定印，双脚直立于半圆形石座
上。身着贴体交领袈裟，衣角外展，衣褶阴线浅刻，线条自然流畅。

兴圣教寺塔

兴圣教寺塔坐落于上海市松江城区中山东路方塔园内，俗称方塔，始建于北宋熙宁、元祐年间（1068—1093），明清多次修缮。塔为砖木结构，九级四面，高42.65米。塔身每层四面设壶门，砖木斗拱挑出檐口和平座。斗拱大部分保留宋代原物。

1974年修缮时于地宫中清理出石函、银匣、铜佛像、象牙化石、钱币等文物。

兴圣教寺塔1996年公布为全国重点文物保护单位。

铜鎏金释迦牟尼佛涅槃像

铜鎏金释迦牟尼佛涅槃像

BC1200	BC800	BC400	AD	AD400	AD800	AD1200	AD1600	AD2000

宋代（960—1279）

■ 1974年松江区兴圣教寺塔地宫出土
长40厘米

■ 造像侧卧，合双目似安详睡去。螺髻，面相丰润，躯体厚实。右手曲肱托头，左臂贴身直至膝部，双足重叠而卧。身着通领袒右袈裟，衣褶圆弧流畅。

■ 涅槃，佛教名词，梵文Nirvana的音译，又译作"泥曰"、"涅盘那"、"圆寂"等。通常也作为死亡的代称，是佛教修习所要达到的最高境界，一般指断灭生死轮回而后获得的一种精神境界。

铜泗洲大圣像

BC1200　　BC800　　BC400　　AD　　AD400　　AD800　　AD1200　　AD1600　　AD2000

南宋（1127—1279）

■ 1974 年松江区兴圣教寺塔地宫出土
通高 14.5 厘米，像高 8.5 厘米，座长 9 厘米、宽 6.8 厘米

■ 出土时端坐在汉白玉石函盖上，这种放置在古塔中仅此一例。坐像头戴风帽，袖手腹前，身着圆领袈裟，衣纹简练流畅，结跏趺坐于束腰须弥座上。造型规整，工艺精湛。

■ 泗洲大圣，一称"泗洲文佛"，传说姓何，名僧伽，中亚何国人，公元661年来到中国，在临淮（今江苏省泗洪县境内）建普光王寺，能护航、祛治疾病、免除水旱兵灾，为百姓所崇奉，受唐中宗礼遇至长安，终于荐福寺，归葬临淮，是自唐末五代至宋元时期中国民间崇拜的重要偶像之一。

铜泗洲大圣像

上海出土文物精品选——兴圣教寺塔

227

法华塔

法华塔，又名金沙塔，坐落在上海市嘉定区南大街登龙桥南。始建于元代，传宋元时因地方士子应试甚少中举，人文不盛，遂募款造塔，为读书人做官之吉兆。

　　法华塔为砖木结构，七级四面，高41米，塔身每层两面设壶门，逐层转换，砖木斗拱挑出檐口，叠涩砖支撑平座。

　　1995至1996年在法华塔修缮工程中，发现了天宫和地宫，内藏有佛造像、经书、石函及玉舞女、水晶蝉等精美文物。

　　法华塔2002年公布为上海市文物保护单位。

铜鎏金佛像

| BC1200 | BC800 | BC400 | AD | AD400 | AD600 | AD1200 | AD1600 | AD2000 |

元代（1271—1368）

■ 1996 年嘉定区法华塔天宫发现
通高 23.8 厘米，底径长 17、宽 12 厘米、高 5 厘米

■ 铜铸，中空。佛像高肉髻，有顶严。面相方圆，五官端庄。双肩宽厚，宽胸束腰。身披袒右袈裟，衣纹线条转折流畅，袈裟边缘施细密联珠纹。右手施触地印，左手禅定印，结跏趺坐于椭圆形深束腰仰覆莲座上，莲座上下边饰细密联珠纹。这尊佛像同松江圆应塔地宫出土的青田石释迦牟尼佛像相似，带有明显的藏传佛教风格。

铜鎏金佛像

铜鎏金阿弥陀佛立像

BC1200	BC800	BC400	AD	AD400	AD800	AD1200	AD1600	AD2000

明代（1368—1644）

■ 1996 年嘉定区法华塔天宫发现
高 15 厘米，座长 13.2 厘米、宽 10 厘米

■ 铜铸，双手塗金。佛像螺发高髻，双目下视，椭圆形脸，五官端庄，表情庄重安详。身披袈裟，内穿僧祇支，衣纹线条转折流畅，质感厚重，立体感较强。右手结与愿印，左手结说法印。

铜鎏金释迦牟尼佛像

BC1200	BC800	BC400	AD	AD400	AD800	AD1200	AD1600	AD2000

明代（1368—1644）

■ 1996 年嘉定区法华塔天宫发现
高 20.2 厘米，座高 4.8 厘米、宽 12 厘米，厚 8.4 厘米

■ 铜铸，表面鎏金。佛螺髻，面颊方圆，神态庄重和悦。身着袒右袈裟，右肩反搭袈裟边角，胸部袒露，肌肤丰满。内穿僧祇支，衫襟条带打结束于胸腹际。衣服边缘、结带刻出卷云纹、细密联珠纹，纹饰细腻繁缛。全跏趺坐于椭圆形双层仰莲座上。左手结禅定印，右手结触地印。造型丰满厚重。给人以表智慧，福德圆满之相。

德化窑观音像

BC1200   BC800   BC400   AD   AD400   AD800   AD1200   AD1600   AD2000

明代（1368—1644）

■ 1996 年嘉定区法华塔天宫发现
高 15.3 厘米，座高 13.2 厘米、宽 10 厘米

■ 头饰观音兜，结跏趺坐于圆形莲花座上。面部呈仕女形象，仪态安详静谧，淡装素裹，超凡脱俗。双手相合于腹前，拢于宽大衣袖中，衣纹转折流畅。整体造型将观音典雅文静的表情，精美柔曼的风韵，安详婀娜的神态，表现得淋漓尽致。

■ 德化白瓷烧于福建省德化县，宋代开始烧造，元代有很大发展，明代烧制的白瓷形成独特的风格，称为"白建"。德化窑以烧制艺术塑像最为著名，当时有何朝宗、林朝景等名家，塑造的佛像、菩萨、罗汉等形态逼真优美。

德化窑观音像

德化窑白釉观音像

德化窑白釉观音像

BC1200	BC800	BC400	AD	AD400	AD800	AD1200	AD1600	AD2000

明代（1368—1644）

■ 1996 年嘉定区法华塔天宫发现
高 12 厘米，底长 8.2 厘米，宽 5.5 厘米

■ 头饰观音兜，与袈裟自然连为一体。头戴如意状花冠，发髻雕刻精细。面相秀美，弯弯的眉毛，笔挺的鼻梁，
表现出观音特有的面庞；稍抿的嘴唇，尽显悲悯之心。身披交领袈裟，内穿僧祇支，衫襟条带束于胸上。双手
在腹右侧相合，拢于宽大的袈裟中。衣纹下摆自然垂于身体右侧，形若行云流水，线条洗练流畅，深刻锐利。
结跏趺坐，坐姿优雅。釉面光滑莹润，白净素雅。

铜罗汉像

BC1200 　　BC800 　　BC400 　　AD 　　AD400 　　AD800 　　AD1200 　　AD1600 　　AD2000

明代（1368—1644）

■ 1996 年嘉定区法华塔天宫发现
通高 13.5 厘米，宽 6.4 厘米，厚 5 厘米

■ 铸造，中空。罗汉倚坐于残损木座上。面相圆腴，弯眉，细长眼，鼻梁挺括，神态安详。身着通领袈裟，左肩处施固定袈裟的绳攀。内穿僧祇支，衣褶起伏自然，线条转折流畅。颈戴环。右臂曲至胸前，右手拇指与食指相捏结施依印，左手搭左膝上，手心握圆球。左腿自然下垂，脚踏小莲花座上。

铜罗汉像

白玉舞女

白玉舞女

BC1200	BC800	BC400	AD	AD400	AD800	AD1200	AD1600	AD2000

金代（1115—1234）

■ 1996年嘉定区法华塔元代地宫出土
高 4.7 厘米，宽 1.8 厘米

■ 圆雕，玉色乳白，莹润细腻。舞女头戴尖顶帽，帽后有短披，披下露发，双耳上有椭圆形装饰。面相丰满，宽颔，隆眉高鼻。身着圆领窄袖长裙，腰束带，背后有方形带銙若干，脚蹬尖头鞋。上身向右前倾，扭腰，双膝微屈，右脚脚跟与左脚脚尖着地，双臂右下左上，长袖挥舞，身姿柔美婀娜，线条纤细流畅。后颈至脚部有一孔眼。舞女面像具有北方游牧民族特征，雕刻形象风格为辽金时期常见。

铜佛像

BC1200   BC800   BC400   AD   AD400   AD800   AD1200   AD1600   AD2000

元代（1271—1368）

■ 1996 年嘉定区法华塔元代地宫出土
高 13.5 厘米，宽 8.2 厘米，厚 7.5 厘米

■ 全跏趺坐，头顶螺髻平缓，有顶严。面相方圆，大耳垂肩，低头合目，双手合十，神情虔诚安详。身着圆领袈裟，衣纹洗练流畅。颈戴项圈，腕戴环形手镯。铜佛中空，表面锈蚀严重。

铜佛像

237

石贴金观音菩萨像

石贴金观音菩萨像

BC1200	BC800	BC400	AD	AD400	AD800	AD1200	AD1600	AD2000

元代（1271—1368）

■ 1996 年嘉定区法华塔元代地宫出土
　通高 16 厘米，座高 4 厘米、宽 8.7—8.3 厘米

■ 石色泛白，质地坚硬，外表贴金，惜脱落殆尽。菩萨头戴五佛高冠，脸型圆满，修眉光目，神态沉静安详。上身露裸，下着宽松长裙，长条披巾绕身。肌肉线条写实，衣纹流畅飘逸。佩项串、臂串、腕钏、璎珞等饰件，精美华丽。右手垂持净瓶，左手支于身体左侧，姿态优美大方。

■ 水月观音为众多观音形象之一，作观水中月影状，为藏传佛教中主要菩萨造像之一。

寿山石弥勒佛像

寿山石弥勒佛像

BC1200	BC800	BC400	AD	AD400	AD800	AD1200	AD1600	AD2000

元代（1271—1368）

■ 1996年嘉定区法华塔元代地宫出土
高5.3厘米，宽5.5厘米，厚3厘米

■ 圆雕。造像面相浑圆，隆胸鼓腹，开口大笑，充满喜庆。身着交领袈裟，衣褶线条折叠流畅。双腿盘坐于不规则形石座上，坐姿随意。雕刻刀法粗犷，有明显的元代雕琢特征。

■ 弥勒佛，汉传佛教多取布袋和尚像。据《景德传灯录》、《佛祖统记》记载，布袋和尚，五代梁朝时出身于浙江奉化岳林寺，法号契次，长江子。他常背一口布袋云游四方，四处化缘，是历史上有名的颠僧，曾名噪一时，人称"布袋和尚"。"一钵千家饭，孤身万里游"就是对布袋和尚最好的写照。贞明三年（917）布袋和尚奉化岳林寺圆寂。

寿山石居士像

元代（1271–1368）

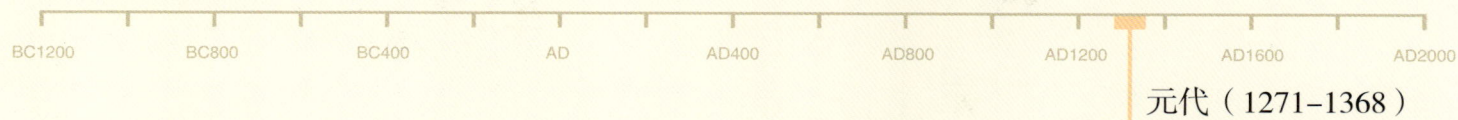

1996 年嘉定区法华塔元代地宫出土
高 5.2 厘米，宽 5.6 厘米，厚 3.5 厘米

居士发髻盘至头顶，戴帷帽。前额宽大，长须垂至胸部。身着交领长袍，侧身倚坐在不规则形石座上。神态静穆、慈祥。雕刻技法、材质同寿山石弥勒佛一样，选用的是同一块石料，由一人雕琢而成。在装饰技巧上，利用寿山石的酱紫色皮刻成袈裟，面部、颈部、肌肤肤色青灰，巧色运用的十分成功。

居士，梵语曰迦罗越，慧远《维摩经疏》一曰："居士有二：一广积资财，居财之士，名为居士；二在家修道，居家道士，名为居士。"

寿山石居士像

铜
熏
炉

242

铜熏炉

BC1200	BC800	BC400	AD	AD400	AD800	AD1200	AD1600	AD2000

元代（1271—1368）

■ 1996 年嘉定区法华塔元代地宫出土
高 12.8 厘米，口径 6.4 厘米，盖高 5.6 厘米

■ 元代仿古青铜器，为带盖熏炉。炉身呈鼎形，深腹，下腹微鼓，圜底，三马蹄形高足鼎立，一对附耳立于两侧。炉腹部前后各有一对凤鸟纹饰，凤首相向，昂首引颈，凤目前视，作啼鸣状，长尾上卷，形象生动写实。地纹为细密的云雷纹。炉盖直口平沿，盖顶镂空，顶部盘龙，龙头上翘。熏炉内积满香灰。

■ 该香炉出土时，供置在二龙戏珠石函内正中的铜佛像前，左侧为一件青瓷盒，右侧为一件鎏金银盒。

双狮戏绣球石函

■ 1996 年嘉定区法华塔元代地宫出土
　长 37 厘米，宽 23 厘米，高 27 厘米

■ 青石质，长方形。盖面减地高浮雕双狮戏绣球图案，钱纹衬地，刻划细腻。狮子圆眼凸鼻，身体圆滚，四肢强健。一狮昂首扭头，凹背挺腹，四肢前扑后蹬，前爪紧扣绣球飘带，甩起尾巴戏绣球。另一头右后肢弓立，左后肢蹬直，腾空跃起，扭头朝绣球飞扑，尾巴压住飘带，飘带如绸缎般卷曲飘逸。

■ 双狮戏绣球图案在宋墓中已出现，明代盛行，是民间花会主要的传统节目之一。

■ 同出的还有双凤穿牡丹、双龙戏珠石函，形制大小基本相同，惟盖面纹饰有别。

双狮戏绣球石函

上海出土文物精品选 —— 法华塔

243

墨玉母子猴

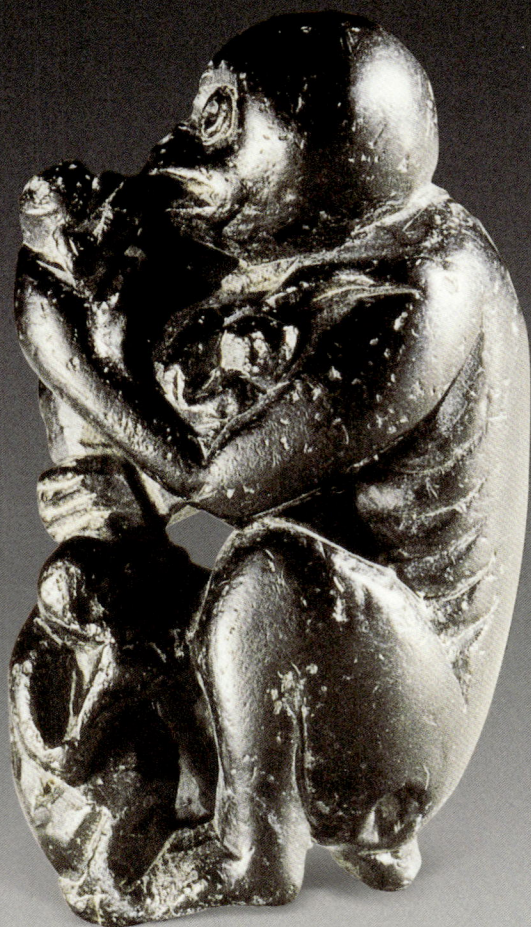

墨玉母子猴

BC1200	BC800	BC400	AD	AD400	AD800	AD1200	AD1600	AD2000

元代（1271—1368）

■ 1996 年嘉定区法华塔元代地宫出土
高 4.2 厘米，宽 2.2 厘米，厚 1.2 厘米

■ 圆雕，由四小一大五猴组成，四小猴大小不一，布局有致。母猴双脚并拢蹲坐，圆目凸起前视，尖嘴猴腮，背脊圆滚，四肢粗壮。右臂搂抱一只小猴，小猴坐于母猴右膝上，头靠母猴右肩，状态亲昵；左手托起另一只小猴，母子亲吻；胸前依偎着第三只小猴，酣睡于母猴怀中；脚边蹲坐第四只小猴，双手捧物作进食状。小猴神态天真，母猴慈祥稳重，将彼此间舐犊情深刻划得淋漓尽致。整体雕刻粗犷有力，不拘细节，有明显的时代特征。

白玉鹅

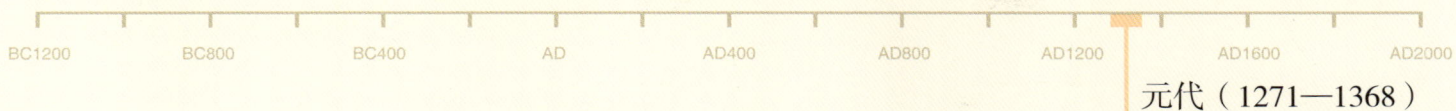

元代（1271—1368）

■ 1996 年嘉定区法华塔元代地宫出土
长 2.8 厘米，高 2.2 厘米，厚 0.7 厘米

■ 圆雕，色白，质莹润。鹅作回首理羽状。阴刻细圆圈眼，长颈，扁平喙，躯体肥硕，双翼羽翅发达，紧收身体两侧，双足收于腹下。双翼的羽毛刻划整齐细腻，分为三段，分别以羽状纹和平行线条层层表现，刀刀不乱。鹅背腹贯有天地孔，可系带佩挂。

■ 在中国古代，鹅因其羽毛洁白、性情温顺而被视为一种清新脱俗、温情和善的瑞禽，深受人们喜爱。此外，"鹅、我"谐音，以鹅为题材，也有托物喻志、表达自我之意。

白玉鹅

水
晶
蝉

246

水晶蝉

| BC1200 | BC800 | BC400 | AD | AD400 | AD800 | AD1200 | AD1600 | AD2000 |

元代（1271—1368）

■ 1996 年嘉定区法华塔元代地宫出土
长 5.7 厘米，宽 1.7 厘米，厚 0.8 厘米

■ 圆雕，遍体无色透明，体形窄长，吻部微微前凸，用数条阴刻线条表示吻部器官，钮形双眼鼓于吻部两侧，头额甲壳与身体间用一横弧线分界，示意为颈。蝉背部刻两道竖长弧线，以示双翅收拢，翅尖尖锐，不超过尾尖。蝉胸腹部前端刻有六道对称折纹表现皮甲，中部刻两条对称相交的弯勾线条表示足爪，下腹部横刻六条平行弧线表现腹部皮甲。

■ 蝉，因其生命周期的特性和饮露为生的习性，自古被赋予复活、永生和高洁的寓意，是一种圣洁的灵物。

玛瑙羊距骨

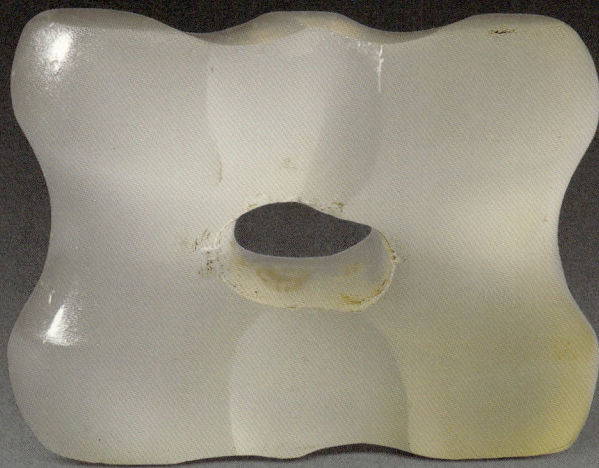

玛瑙羊距骨

BC1200	BC800	BC400	AD	AD400	AD800	AD1200	AD1600	AD2000

元代（1271—1368）

■ 1996 年嘉定区法华塔元代地宫出土
长 2.5 厘米，宽 1.9 厘米，厚 1.5 厘米

■ 圆雕，整体碾磨光滑，莹润通透，仿真骨雕琢而成，精细逼真，大小也相仿，正中开一椭圆形小孔，供系佩。
羊距骨，作为玩具，至今仍流行于北方地区。

■ 羊距骨，在满洲里拓拔鲜卑古墓、乌兰察布市凉城县匈奴墓中均有发现；黑龙江金代墓葬中也曾出土过2件，是
当时女真贵族儿童玩具。上海地区共出土2枚，另一枚出自松江圆应塔地宫，也是元代文物，形制相仿。

泖塔

泖塔位于上海市青浦区朱家角镇张马村太阳岛南端。唐乾符年间（874 — 879）由僧如海在泖湖小州上筑台建塔。塔为砖木结构，五级四面，高 29 米。顶层曾挂灯作为泖河中往来船只的航标，1998 年初，经国际航标协会理事会讨论批准，泖塔领衔的 5 座中国历史文物灯塔跻身世界历史文物灯塔 100 强。

　　1995 至 1996 年在泖塔修缮工程中，发现了天宫，内装藏有铜菩萨像、瓷双耳杯、木雕佛龛等文物。

　　泖塔 1962 年公布为上海市文物保护单位。

铜鎏金狮吼观音菩萨像

铜鎏金狮吼观音菩萨像

| BC1200 | BC800 | BC400 | AD | AD400 | AD800 | AD1200 | AD1600 | AD2000 |

明代（1368—1644）

■ 1996年青浦区泖塔天宫发现
高23厘米，底座长15.8厘米、宽9.6厘米、高3.8厘米

■ 观音左舒坐在吼狮上，左脚踏一朵小莲花。头戴宝冠，发髻前有一尊小化佛。大圆耳珰。脸型浑圆，眉清目秀。双手牵莲花枝蔓，左肩莲花上托一只鸟，鸟首面朝观音。右手莲花上托一双耳瓶。右手结降魔印，左手结施依印。饰华丽的项链、臂钏、手镯、璎珞。坐骑回首怒吼，跪卧于覆莲瓣座上。铜质精良，工艺精湛。

铜鎏金文殊菩萨像

明代（1368—1644）

■ 1996 年青浦区泖塔天宫发现
高 23 厘米，底座长 15.8 厘米、宽 10 厘米、高 3.8 厘米

■ 铸造，中空。文殊菩萨右舒坐于狮背上，左脚踩在一朵小莲花上，姿态闲适优雅。头戴五叶宝冠，耳饰花朵形耳珰。面相丰满，神情温婉。双手牵莲花蔓，右手结与愿印，左手结施依印。坐骑俯卧于椭圆形覆莲瓣座上。铜质精良，外表贴金，铸造工艺精湛。

铜鎏金文殊菩萨像

文化上海·典藏

252

铜鎏金普贤菩萨像

明代（1368—1644）

■ 1996 年青浦区泖塔天宫发现
高 23 厘米，底座长 15.8 厘米、宽 10 厘米

■ 铜铸，中空。通体鎏金，惜多脱落。普贤菩萨右舒坐于象背上，右脚踩在一朵小莲花上。头戴五叶宝冠，仪容端庄秀丽，宽胸细腰，手心各持一枝花茎，花茎沿双臂向上，左肩处莲瓣上置一经卷，右肩处莲瓣上置一净瓶。右手结与愿印，左手结说法印。身上装饰项链、臂钏、手镯、璎珞等饰件，繁缛华丽。白象跪卧于覆莲瓣座上。

圆应塔

圆应塔位于上海市松江区中山西路西林寺内，俗称西林塔，始建于明洪武二十年（1387），明正统九年（1444）迁建于现址。塔砖木结构，七级八面，高 47 米，为上海市最高的古塔。

　　1993 至 1994 年在圆应塔修缮工程中，于塔刹宝珠和天宫、地宫中发现造像、碑刻及玉、水晶、玛瑙、珊瑚、琉璃珍宝等文物 1000 多件，其数量之大，品种之繁，为江南古塔中最大，在全国发掘清理的塔宫中也属罕见。且年代明确，是元、明造像和玉器研究标准器。

　　圆应塔 1982 年 9 月公布为上海市文物保护单位。

嵌福禄寿喜盒铜宝珠内胆

嵌福禄寿喜盒铜宝珠内胆

BC1200	BC800	BC400	AD	AD400	AD800	AD1200	AD1600	AD2000

清道光十九年—光绪十八年（1839—1892）

■ 1993 年松江区圆应塔塔刹宝珠内发现
高 75 厘米，大口直径 20.4 厘米，小口直径 7.8 厘米

■ 发现时套在木中心柱上，外套铜宝珠。宝珠内胆由上下两段榫卯插合，上段占整体的四分之一。整体呈长喇叭筒状，上小下大，在下段筒壁周围自上而下镶嵌有银鎏金无量寿佛像、银鎏金韦陀像、银鎏金罗汉像等鎏金银片造像、两尊白玉雕像（一为白衣观音，一为寿星）银鎏金金刚般若波罗蜜经盒、"福、禄、寿、喜"铜盒及9枚钱币，从右往左依次为咸淳元宝、顺治通宝、康熙通宝、雍正通宝、乾隆通宝、嘉庆通宝、道光通宝、长命富贵、天下太平。"福、禄、寿、喜"铜盒内都各有造像，"福"字盒内置银鎏金魁星像2尊、银牌、螺蛳壳、翡翠锁等；"禄"字盒内有银鎏金送子观音像一组、银鎏金寿星像两尊；"寿"字盒内藏一尊纯金佛像；"喜"字盒内存银鎏金禄官像一尊、银牌一块。

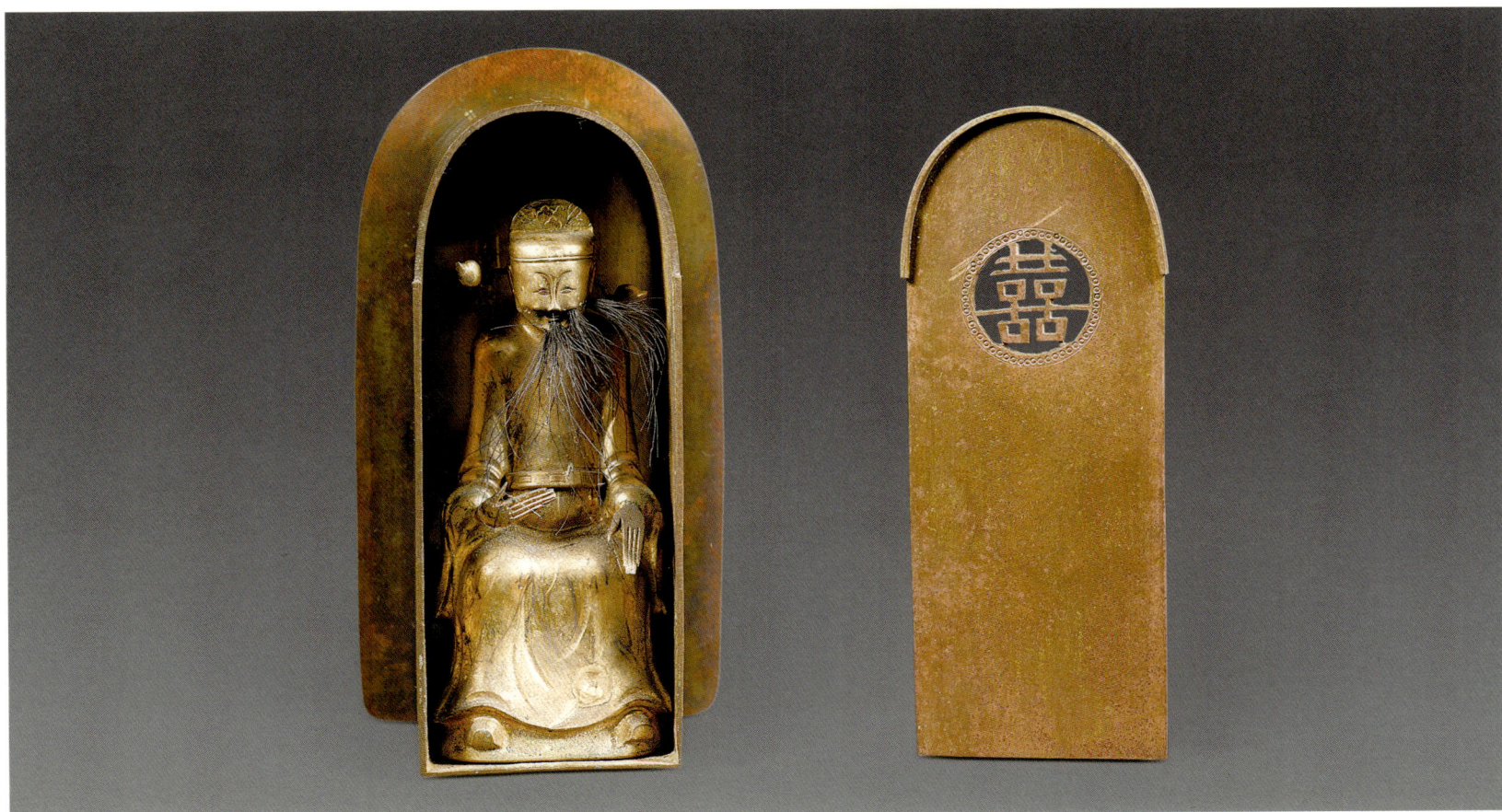

青玉罗汉

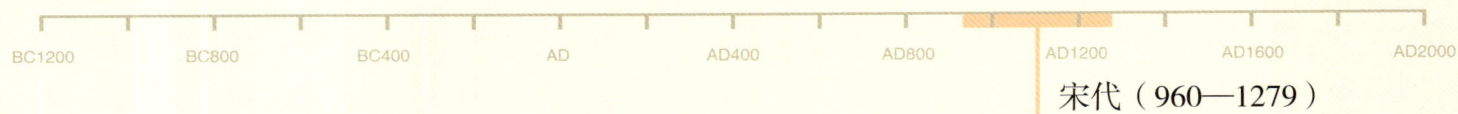

■ 1993年松江区圆应塔天宫发现
高9.5厘米

■ 这尊佛像的装扮比较特别，头部螺髻为佛像状，但其神情、姿态又似罗汉，故视作罗汉像。罗汉双手合十，赤脚直立作恭敬状。头微仰，螺髻平缓，有顶严，宽额，额上有白毫和皱纹。面相长圆，大耳垂肩，耳有穿孔，鼻梁挺括，神情自然，似面带笑意。身着右袒肩长袍，衣袍随风飘拂，衣褶转折流畅。身上佩戴臂钏、手镯和足钏。罗汉神情自然大方，人物表现真实，接近世俗中僧侣的形象，显示出一种平常心，使得罗汉的形象刻画得入木三分。

青玉罗汉

铜释迦太子诞生像

BC1200	BC800	BC400	AD	AD400	AD800	AD1200	AD1600	AD2000

元代（1271—1368）

- 1993 年松江区圆应塔天宫发现
  高 12.5 厘米，座高 2.2 厘米、宽 5.2—3.8 厘米

- 实体铸造。太子立于椭圆形莲座上。面相圆腴，浓眉大眼，棱鼻小嘴。赤身，挺胸鼓腹，躯体强健，肌肤丰满圆润，浑身充满力量，阳刚之气十足。胸部刻"卐"字纹，两旁有花纹，模糊不清。右臂折上举，右手食指向上指天，其余四指相握，左臂自然下垂，左手指地，似在唱咏"天上天下，唯我独尊"。铸工精良。

262

铜鎏金佛像

BC1200	BC800	BC400	AD	AD400	AD800	AD1200	AD1600	AD2000

元代（1271—1368）

■ 1993 年松江区圆应塔天宫发现
高 10 厘米，座宽 3.5—2.8 厘米、高 5 厘米

■ 铸造，表面鎏金，锈蚀严重。佛像双腿自然下垂，倚坐于圆形束腰仰覆莲座上，莲瓣宽厚，下为八角形须弥座，须弥座下为方框式座。佛高肉髻，面相方圆，大耳垂肩，神态静穆安详。身着右袒袈裟，边缘折叠。右手结说法印，左手搭左膝结降魔印。

铜鎏金立佛像

■ 1993 年松江区圆应塔天宫发现
高 15.4 厘米，座径 4.9—3.8 厘米、高 4.6 厘米

■ 铸造，表面鎏金，锈蚀严重。此尊佛像站立于高束腰仰覆莲瓣座上，莲瓣宽厚饱满。莲座下为八边形须弥座。佛高肉髻光滑无纹，面庞长圆丰满，大耳垂肩，五官紧凑，神态庄重安详。外披通领袈裟，内着僧祇支，衣着宽大，边角下垂成三角形，衣褶起伏自然有厚重感。右手曲握，左手捧钵。背部扁平。座上有铭文，已漫漶不清。

铜鎏金立佛像

铜十一面观音菩萨像

BC1200	BC800	BC400	AD	AD400	AD800	AD1200	AD1600	AD2000

元代（1271—1368）

■ 1993 年松江区圆应塔天宫发现
高 22 厘米，宽 7.5 厘米，座高 4 厘米

■ 此尊观音十一面，束发披于双肩，面相浑圆，弯眉细目，鼻梁高挺，神态沉静慈祥。上身袒露，下着长裙，裙褶曲复自然，有轻柔的织物波动感。帛带自双肩绕臂婉转身侧。右臂上曲手握一物，左臂自然下垂手提净瓶。佩项圈、臂钏、腕镯，璎珞。身躯略呈S形，体态优美颇具动感，跣足站立圆形莲座上。莲座下出榫头，说明原有插座。背部平整。腰部一凸棱。

铜鎏金佛像

明洪武二十九年（1396）

■ 1993 年松江区圆应塔天宫发现
高 6 厘米，座宽 3.2 厘米、厚 2.4 厘米、高 2 厘米

■ 此尊造像风格古朴，小巧精致。释迦牟尼结跏趺坐，左手禅定右手触地为成道相。台座束腰处刻有铭文："洪武周府欲报四恩，命工铸造佛像，一样五千四十八尊，俱用黄金镀之，所以广陈供养，崇敬如来，吉祥如意者。"据《明史》周府应是朱元璋第五子周王朱橚的"周王府"，这是由周王朱橚为还愿出资所铸造的5048尊如来像之一。

■ 有此铭的明代洪武造像因铸造五千多尊，故流传存世较多，圆应塔天宫所出文物为明代正统十三年（1448）入藏的，距洪武二十九年（1396）半个世纪，是目前所见唯一从塔藏中发现的洪武丙子款造像。

铜鎏金佛像

白玉婴戏三人挂件

| BC1200 | BC800 | BC400 | AD | AD400 | AD800 | AD1200 | AD1600 | AD2000 |

明洪武—正统（1368—1449）

1993 年松江区圆应塔天宫发现
高 9.2 厘米

圆雕，质莹润，似为姐弟三人。女童面相圆润，束长发留中缝，身穿交领衫，下着宽松长裙，低头弯腰，右手执一长梗荷枝，花朵、莲叶搭于后背，左手向上托举骑在肩上的小童。小童梳桃形发髻，留中缝，骑跨于女童背上，身体前倾，右臂趴靠在女童头上，左手抚在大童头部一侧。大童紧跟女童左右侧，脑袋两侧梳圆盘髻，身着对襟长短衣，下穿宽大长裤，裤管束扎似灯笼，怀抱一只小动物。三人相伴而行，天真烂漫，充满生活情趣。

铜一佛二协侍像

铜一佛二协侍像

BC1200	BC800	BC400	AD	AD400	AD800	AD1200	AD1600	AD2000

南朝—隋（420—618）

■ 1994 年松江区圆应塔地宫出土
高 12.5 厘米，宽 7 厘米，座径 3.6—3.3 厘米、高 2.2 厘米

■ 主尊阿弥陀佛赤足立于高覆莲瓣圆台座上，身后有圆形头光。佛螺发高肉髻，面相方圆，神态静穆安详。身着褒衣博带式袈裟，衣纹断面呈阶梯状，立体感很强。右手施无畏印，左手施与愿印。两旁各侍立一尊菩萨，均头戴宝冠，面相端庄圆润，身材修长，帛带飘垂，赤足立于莲座上。三尊像共用一个莲瓣形背光，背光上满刻火焰纹和三尊化佛。背光背部阴刻发愿文"华亭县奉佛信女沈素真，自无男女，今发心铸造金佛一座，所祈愿亡故父母、祖宗往生莲界。正统十年六月十八日舍施"。整体造型属于南朝样式，背部铭文可能是后人补刻。

青玉圆雕大象

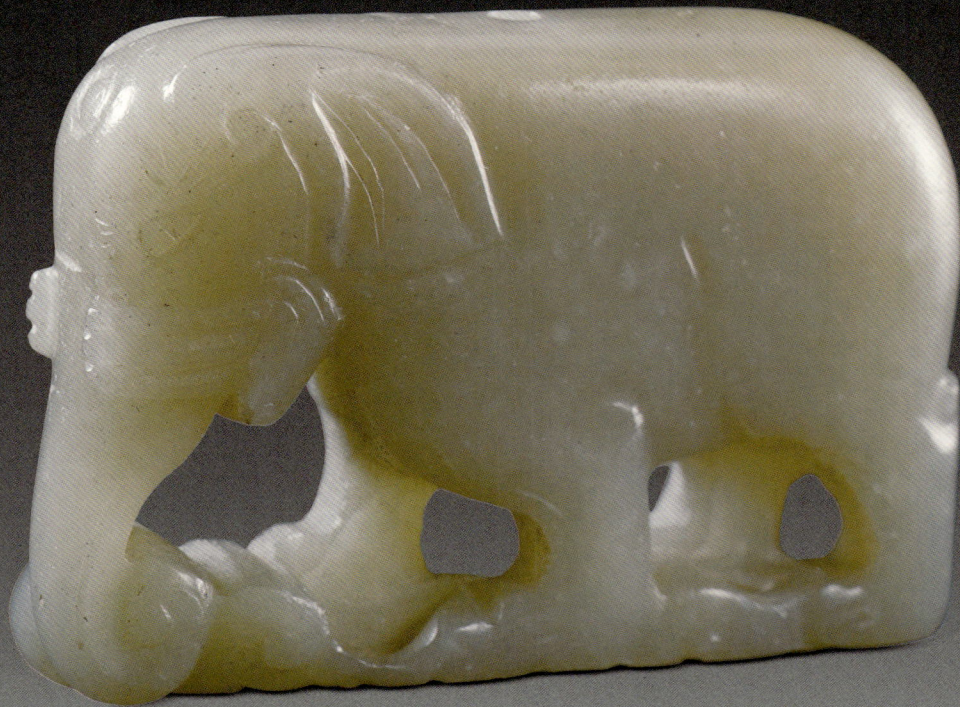

BC1200　　BC800　　BC400　　AD　　AD400　　AD800　　AD1200　　AD1600　　AD2000

唐代（618—907）

■ 1994 年松江区圆应塔地宫出土
高 3.7 厘米，长 5.4 厘米，厚 1 厘米

■ 圆雕，象四肢交错，呈行走姿态踏于长条底座之上。长鼻下垂卷起，左右口角各露三枚象牙，扇形大耳下奔，厚背圆臀，紧夹尾巴，四肢粗短，整体形象生动写实。底座底部刻有类似花卉的纹饰。象背和底座上贯有天地孔，知其可用作佩戴。

■ 象为佛教"七宝"之一，按佛教经典叙述，六牙白象乃象中至宝，《大正藏》卷三："白象宝者……口有六牙，牙七宝色。"推测此象可能同塔碑中记述的供奉"七宝"有关。

青玉圆雕大象

青玉独角兽

青玉独角兽

BC1200	BC800	BC400	AD	AD400	AD800	AD1200	AD1600	AD2000

金代（1115—1234）

■ 1994年松江区圆应塔地宫出土
高7厘米，宽3厘米

■ 昂首挺胸，双目凸起圆瞪，呲牙咧嘴，口衔灵芝，独角后抿，长鬣上扬，尾巴向上竖起，尾毛细密均匀，右前肢弯曲撑立于地，左前肢蹬地，后肢曲卧跪坐于卷云纹座上，神态凶猛，体态强健彪悍，充满阳刚之气。腿部作横打孔，可作佩系用。

青玉三螭纹璧

BC1200　　BC800　　BC400　　AD　　AD400　　AD800　　AD1200　　AD1600　　AD2000

南宋（1127—1279）

1994 年松江区圆应塔地宫出土
径 11.1 厘米，厚 0.5 厘米，孔径 3.5 厘米

圆形，窄边。璧一面浮雕三螭，环璧一周。螭首呈三角形，圆眼，额上刻有两条额纹。螭耳分两种样式，一种是猫耳形，一种似螺旋状，均下耷。螭发飘飘，散至背部。螭身都作S形扭曲，四肢发达，肩部和大腿部刻有展现肌肉的线条，尾端卷起。璧另一面光素无纹。

青玉三螭纹璧

上海出土文物精品选——圆应塔

271

银花卉纹盒

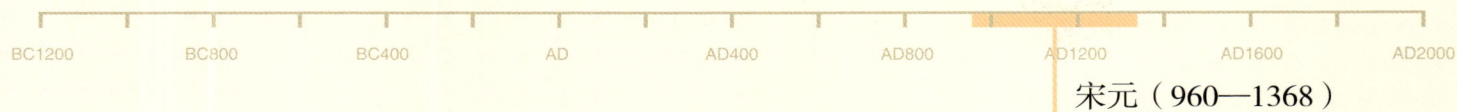

BC1200　　BC800　　BC400　　AD　　AD400　　AD800　　AD1200　　AD1600　　AD2000

宋元（960—1368）

■ 1994 年松江区圆应塔地宫出土
高 3.3 厘米，径 6.5 厘米，底径 4 厘米

■ 六瓣葵花形圆形银盒。盖、盒身捶揲成花瓣状，子母口，口沿錾刻一圈如意卷草纹带。盖面分内外两区，内区
即正面，沿着六瓣葵花形边缘刻画有一圈联珠纹，内正中錾刻一朵盛开的牡丹花，四周枝叶繁茂、花苞绽露，
显得雍容华贵；外区即六瓣各侧面，各錾刻一枝如意卷草纹。底面光素无纹。银盒整体雕刻线条顺畅，刻画细
腻，尽显精致。

银花卉纹盒

272

青田石佛像

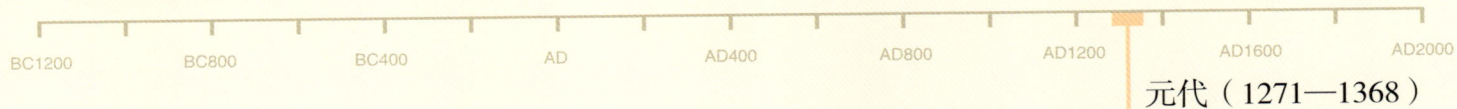

BC1200　　BC800　　BC400　　AD　　AD400　　AD800　　AD1200　　AD1600　　AD2000

元代（1271—1368）

■ 1994 年松江区圆应塔地宫出土
通高 13.8 厘米，座宽 9.3 厘米、厚 4.8 厘米、高 3.3 厘米
佛像高 10.5 厘米，宽 7.3 厘米，厚 3.2 厘米

■ 佛像结跏趺坐，左手禅定右手触地，身着右袒袈裟，衣边装饰云纹与联珠纹。底座刻铭"大都佛儿张造□"，末字似为一合体种子字，代表的是此尊佛像的标识及法理。佛像发髻高耸顶驻髻珠，右臂袒露粗壮饱满，衣着体型极具藏式造像仪轨，是一尊标准的大都（北京）地区十四世纪中叶藏—汉式风格造像。

汉白玉弥勒佛像

BC1200	BC800	BC400	AD	AD400	AD800	AD1200	AD1600	AD2000

元代（1271—1368）

■ 1994年松江区圆应塔地宫出土
高 18 厘米

■ 大肚弥勒面相浑圆，弯眉眯眼，抿嘴微笑。身着通领袈裟，左肩部用于固定袈裟的绳带清晰可见。袒胸露腹，腹部圆鼓，躯体肥硕。双手抚膝，结跏趺坐。造型宏厚朴实，雕琢粗犷，衣纹线条洗练流畅。

铜鎏金观音菩萨像

BC1200　　BC800　　BC400　　AD　　AD400　　AD800　　AD1200　　AD1600　　AD2000

元代（1271—1368）

■ 1994 年松江区圆应塔地宫出土
高 14 厘米，座宽 11—7.4 厘米

■ 头戴五叶宝冠，发髻巍峨高耸，正面中间饰小化佛。面庞丰腴，神态寂静慈祥。耳饰花朵形大耳瑱。宽胸细腰，上身裸露，肌肤丰满圆润，下着薄裙，裙上刻精巧细密的花纹。身佩华丽的联珠纹项链、臂钏、璎珞。游戏坐姿于椭圆形深束腰仰覆莲瓣座上。身躯舒展，姿势优美。底部封藏底板装饰十字交杵。

铜鎏金观音菩萨像

铜鎏金祖师像

BC1200　　BC800　　BC400　　AD　　AD400　　AD800　　AD1200　　AD1600　　AD2000

元代（1271—1368）

- 1994年松江区圆应塔地宫出土
  高15.7厘米，座宽12.8厘米、厚9厘米、高3.3厘米

- 造像结跏趺端坐于莲花座上，双手置胸前结说法印。两手心各执一莲茎，左肩莲花上置经卷，右肩莲花上现花蕊。造像头顶无结发，现僧人本来面目。从丰满的脸庞，平齐的发饰，平短而厚实的嘴部，不高的鼻梁，整体上体现出藏族人民的审美特色，是一位藏族祖师的形象。仰覆莲座下有"西林禅院僧□□/四十一保董字图□/奉佛弟子□□敬/□□男顾忠/顾恩"，应该是在底部原始封藏灭失后重新加的封藏。

- 藏传佛教中祖师有着特殊的地位，他们是一些在佛教史上对于修行或弘法有杰出成就的大师。藏语称作"喇嘛"，即上师。

玉
紧
那
罗
女

278

玉紧那罗女

| BC1200 | BC800 | BC400 | AD | AD400 | AD800 | AD1200 | AD1600 | AD2000 |

元代（1271—1368）

■ 1994 年松江区圆应塔地宫出土
　　高 3.8 厘米，宽 2.2 厘米，厚 0.5 厘米

■ 片状镂雕，玉质洁白莹润。该女像头戴花冠，慈眉善目，身着长裙，帔帛飘扬，形象似天女，似歌似舞，或为佛教诸天中的紧那罗女。

■ 紧那罗，又可称为紧那罗菩萨或监斋菩萨，译为"人非人、疑神"，又可译为"音乐天、歌神、乐神"，是佛教天神"天龙八部"之一。紧那罗有男女之分，男性长一马头，长于演奏，女性相貌端庄，声音绝美。其歌声为靡靡之音，具有魔力。据《大智度论》载，凡听紧那罗女歌唱者，即使是仙人在空中飞行也会骨软筋酥，"皆失神足"。

青玉双螭纹炉顶

BC1200　　BC800　　BC400　　AD　　AD400　　AD800　　AD1200　　AD1600　　AD2000

元代（1271—1368）

1994 年松江区圆应塔地宫出土

高 3.1 厘米，底径长 3.5 厘米、宽 1.8 厘米，厚 0.2 厘米

平底，上端浑圆，采用多层次镂雕。内部为素面山包式内芯，外层透雕双螭衔灵芝，两条螭分布在前后两侧，如同趴伏在山包式内芯之上，形体大同小异。面部呈猫脸形，额头宽鼓，正中刻"王"字，耳作猫耳形，耳稍下耷，口、鼻、眼集中在面部下方三分之一处，一束长发披于后背，肩和大腿部位有火焰状飘毛，背上以双阴线勾勒出脊柱线。灵芝作卷云状，茎叶缠绕。底呈椭圆形，上有两对牛鼻孔，具有镶嵌和系扎的功能。

青玉双螭纹炉顶

白玉海水湖石鱼龙纹嵌饰

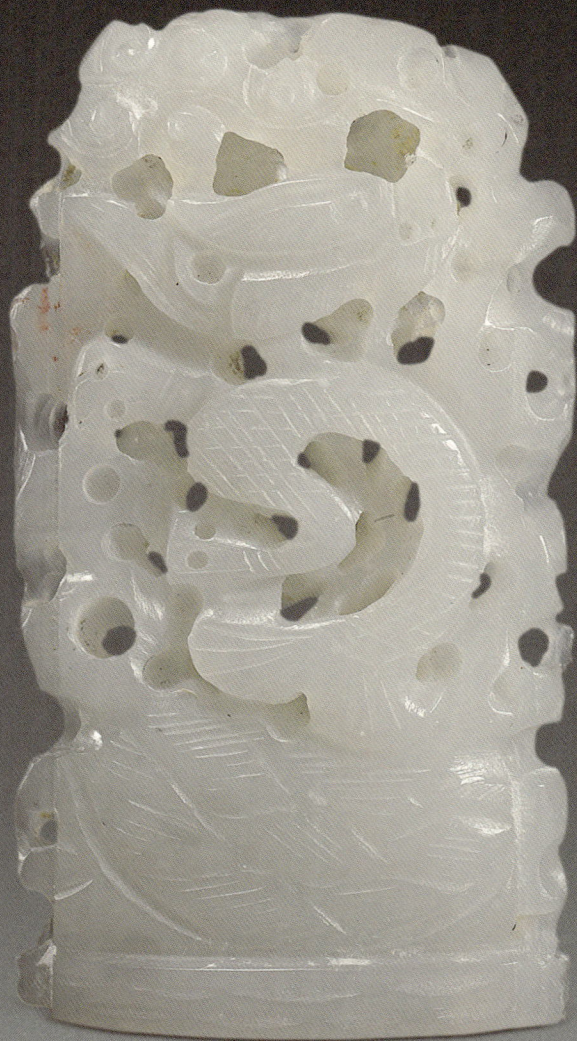

白玉海水湖石鱼龙纹嵌饰

BC1200	BC800	BC400	AD	AD400	AD800	AD1200		AD1600	AD2000

元代（1271—1368）

■ 1994年松江区圆应塔地宫出土
高7厘米，宽3.8厘米，厚0.7厘米

■ 该饰件以湖石为背景，一条鱼龙腾跃于海浪祥云之上。透雕湖石耸立，通体满布虎眼。鱼龙以龙身鱼尾的形象刻画，龙首昂视，龙须飘曳，张口露齿。龙身阴线刻细密菱格纹来表现鳞甲，衔接鱼尾，身体扭曲作击水跳跃状。器底有两孔，应该是供嵌挂之用。

灰白玉云龙纹带饰

元代（1271—1368）

■ 1994 年松江区圆应塔地宫出土
长 6.8 厘米，宽 4.4 厘米，厚 0.6 厘米

■ 长方形，下部正中有一环臂，背面四角作牛鼻孔，供串挂佩戴。正面镂雕云龙纹，龙顾首回盼，腾云于众峰之上，龙嘴大张，龙眉凸起，龙发后扬，短棍状龙角，龙身粗壮，背脊刻成锯齿形，细刻菱格纹作鳞，龙爪三趾大张。

■ 该饰件运用俏色雕刻，龙体基本呈白色，与山峰、卷云等形成鲜明对比，突现龙的存在。另，大片朵云的刻画，又增加了画面的流动感，对龙的腾云前行起到很好的衬托作用。

白玉灵芝善财童子饰

BC1200 　　 BC800 　　 BC400 　　 AD 　　 AD400 　　 AD800 　　 AD1200 　　 AD1600 　　 AD2000

元代（1271—1368）

■ 1994 年松江区圆应塔地宫出土
高 7.6 厘米，宽 5.4 厘米

■ 白玉莹润，双层透雕，技艺精湛。

■ 灵芝层层相叠，枝梗繁密，顶部一朵硕大的菌盖平铺，一童子面带微笑，跪坐于菌盖之上。童子头梳发髻，面相圆润，枣核眼，鼻翼挺直，短横线作嘴，上身穿紧身窄袖衫，下着短肥裤，帛带飘曳，双手持物举于右肩上方。背面四对穿孔。

白玉灵芝善财童子饰

青白玉卧鹿

| BC1200 | BC800 | BC400 | AD | AD400 | AD800 | AD1200 | AD1600 | AD2000 |

元代（1271—1368）

■ 1994 年松江区圆应塔地宫出土
长 4.2 厘米，高 2.3 厘米，厚 0.8 厘米

■ 圆雕，玉质莹润。鹿头顶灵芝状角冠，微微颔首，尖嘴圆眼，双目前视，双耳竖起，脖颈粗短，体形圆浑，臀部丰满，短尾下垂，紧贴臀部，四肢蜷曲。通体光滑，线条简略，神态温顺。造型风格与1962年北京师范大学清代满人贵族墓葬出土的一件玉鹿基本相同。

■ 鹿，古来被视为纯善之兽，吉祥之物。《瑞应图记》："王者承先圣法度，无所遗失则白鹿来。"又"鹿"与"禄"同音，通常与蝙蝠（福）和仙翁（寿）组合成图，寓意"福、禄、寿"。

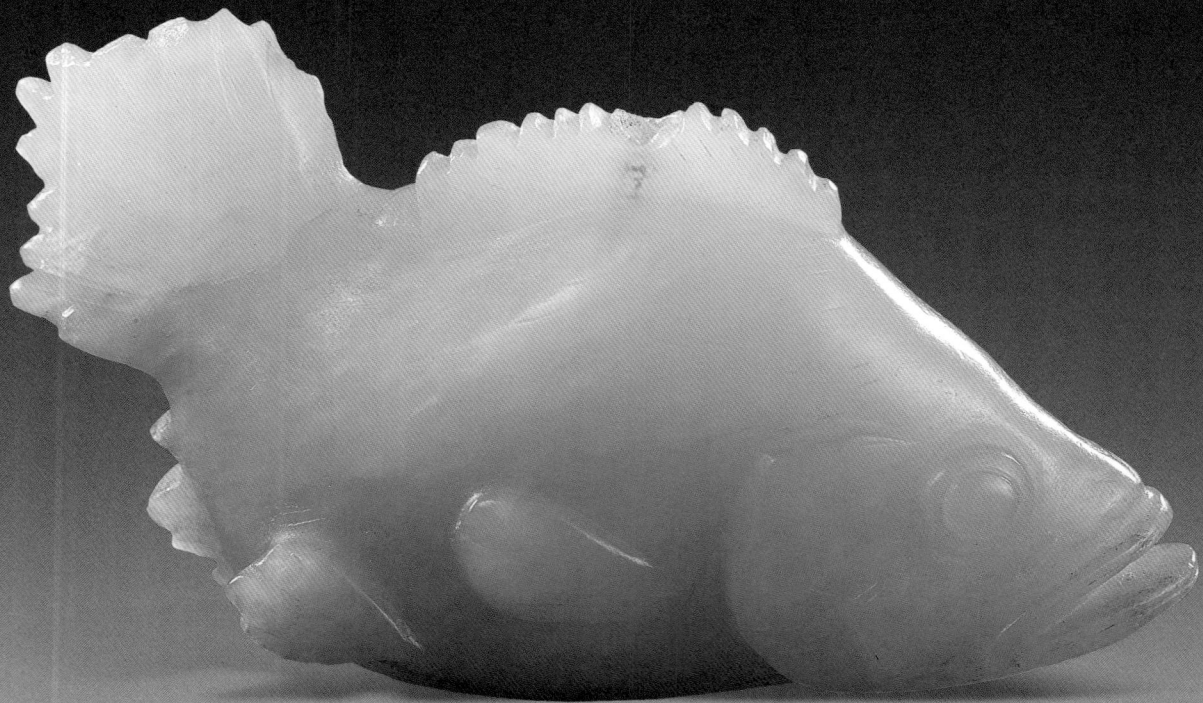

白玉鱼形佩

白玉鱼形佩

BC1200	BC800	BC400	AD	AD400	AD800	AD1200	AD1600	AD2000

元代（1271—1368）

■ 1994年松江区圆应塔地宫出土
长6厘米

■ 圆雕，鱼身宽厚扁平，双眼瞪出，大口微张，唇线刻画明显，下唇略前凸过上唇，腮帮鼓出，真实地刻画了鱼的面部骨骼特征。胸鳍收拢，背鳍呈锯齿状舒展，尾鳍上翘，阴刻粗线条表现尾鳍特征。腹背间贯穿一孔，供系挂。该鱼整体形象逼真，骨骼刻画强劲有力，透着一股凶悍之气。

■ 鱼是江南地区主食之一，又"鱼"同"余"谐音，有年年有余之意；"鲤鱼跳龙门"寓意飞黄腾达等，为吉祥之物。圆应塔地宫中发现鱼饰件近10件，形制多样，皆生动逼真。

水晶兔

■ 1994 年松江区圆应塔地宫出土
长 6.2 厘米，高 2.6 厘米，厚 4.4 厘米

■ 圆雕，兔身卧伏，四肢收屈，弓背丰臀，短尾下垂，长耳后抿紧贴项背。全身圆润饱满，特别是腿部肌肉隆起，骨骼结构明显，胯关节弧度大。从细部看，兔子双眼为圆圈状，眼梢线向左右延伸，抿嘴，鼻子、胡须和四爪均用阴刻粗线条勾勒，兔毛均用平行的细短阴线刻饰。这只水晶兔整体形象似觅食状，质朴敦实、憨态可掬，具有唐宋遗风。

■ 兔，性情温良，历来被国人视为瑞兽，是圣洁、机敏、善良和生机的象征，素有"玉兔拜福"之说。

水晶兔

银鎏金立佛像

■ 1994年松江区圆应塔地宫出土
高10厘米，座径4.5—4厘米、高1.6厘米

■ 银片剪裁捶揲而成。佛像头顶螺髻呈缓丘状，面相方圆，五官端庄安详，表情略显呆板。身着圆领袈裟，衣纹
线条流畅。右手施与愿印，左手曲于胸腹际。跣足站立于两朵盛开的莲花上，其下为椭圆形束腰仰覆莲座。仰
莲瓣座上有发愿文，每片莲瓣上阴刻一字，合为"奉佛女弟子曹氏贵一娘施财"。此尊佛像呈现世俗化倾向，
为民间银匠制作。

银鎏金立佛像

文化上海·典藏

286

银鎏金佛像

BC1200	BC800	BC400	AD	AD400	AD800	AD1200	AD1600	AD2000

明洪武—正统（1368—1449）

■ 1994 年松江区圆应塔地宫出土
高 12 厘米，座径 7.5—5.3 厘米、高 2.8 厘米

■ 银片剪裁捶揲而成。佛像、背光、莲座三部分分别制作插合。佛头顶螺髻呈缓丘状，有顶严。面相丰满，五官
端庄，表情略显呆板。身着圆领袈裟，双手相捻于胸前，结跏趺坐于椭圆形高束腰仰覆莲座上。身后插桃形镂
空杂宝卷云纹背光，背光中下部有铭文题记两竖行，右为"孝甥女吴氏妙真……"，左为"外婆唐……"因为
背光是先单独做好再插佛像身后的，故下部文字被佛像所挡无法看清。

银鎏金佛像

BC1200	BC800	BC400	AD	AD400	AD800	AD1200	AD1600	AD2000

明洪武─正统（1368—1449）

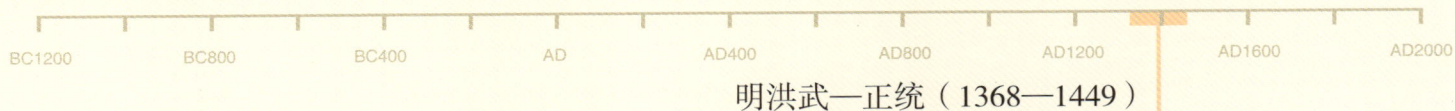

■ 1994 年松江区圆应塔地宫出土
高 11.3 厘米，宽 6.6 厘米，厚 0.6 厘米

■ 银片剪裁捶揲而成，表面鎏金。佛螺发高肉髻，有顶严。面相方圆，大耳垂肩，眉间有白毫。弯眉细眼，鼻梁挺括，嘴唇上刻出胡须。躯体健壮，肌肤圆润。戴联珠纹手镯。身着锥刺圆形宝相花纹袈裟，花纹繁缛富丽。袒胸露腹，双手合十，结跏趺坐于盛开的莲花座上。背面阴刻发愿文"松江府上海县高昌乡十九保吴浦女王庙界信女孙氏淑真庚年七十七岁正月十五日生"。

银鎏金菩萨像

BC1200	BC800	BC400	AD	AD400	AD800	AD1200		AD1600	AD2000

明洪武—正统（1368—1449）

■ 1994 年松江区圆应塔地宫出土
高 13 厘米，底座径 7—5.5 厘米，座高 2.5 厘米
背光高 11.5 厘米，宽 5.2 厘米，如意长 6 厘米

■ 菩萨头戴镂空花瓣宝冠，额有白毫，面相浑圆，神态庄重肃穆。双手执一长柄如意，柄横断面呈方形，如意上
托一物，似为经卷。结跏趺坐于高束腰仰覆莲座上，莲瓣宽厚，莲头刻成如意卷云纹状。束腰较宽，前部刻三
朵如意花卉纹。舟形镂空卷云纹背光，背光中部一条题记为"奉佛弟子俞庄"。

银鎏金菩萨像

明洪武—正统（1368—1449）

■ 1994 年松江区圆应塔地宫出土
高 12 厘米，座径 7—5.5 厘米，背光高 11.5 厘米

■ 此尊菩萨像同前件菩萨像造型、装束基本相同，惟手持法器和背光上的题记稍有区别。双手执长枝莲花，花朵
盛开，内托一长方形物，形似经书，上有字，已模糊不清。背光中部一条题记为"奉佛弟子俞坚"。

银鎏金菩萨像

铜鎏金天王像

BC1200　　BC800　　BC400　　AD　　AD400　　AD800　　AD1200　　AD1600　　AD2000

明洪武—正统（1368—1449）

■ 1994年松江区圆应塔地宫出土
高 11.2 厘米，座径 5.5 厘米、高 0.8 厘米

■ 天王头戴长方形盔帽，身上帛带环绕，面相凶猛，肌肉暴突，浑身充满力量。右臂上举，左手握拳于腰际，右腿直立，左腿侧立花瓣座上，威风凛凛，为四大天王之一。

铜鎏金天王像

银 塔

BC1200	BC800	BC400	AD	AD400	AD800	AD1200	AD1600	AD2000

明洪武—正统（1368—1449）

■ 1994 年松江区圆应塔地宫出土
高 23 厘米，底座边长 5.6 厘米

■ 银片捶揲而成。平面方形，由塔基座、塔身、塔刹几部分组成。塔基座较矮，方形须弥式，底部阴线浅刻盛开
的花卉纹。塔身方形，除第一层塔身三面开壶门外，二至七层塔身四面开壶门，塔身四角做出凸起的圆形倚
柱。每层塔身上有塔檐，檐面做出瓦垄。第七层塔顶上承托塔刹。塔刹由仰覆莲花座、三重相轮、葫芦宝珠几
部分组成。在一层塔身未开门的一面刻写铭文："山东济南府德州任城关外祖居信官高任松江府同知妻苏氏喜
舍宝塔。"

铜鎏金金刚铃

明洪武—正统（1368—1449）

■ 1994年松江区圆应塔地宫出土
长23厘米，铃口径7厘米

■ 发现时置于地宫北供台第一层中部，为上海地区塔宫中首次发现。金刚铃上端为半截五股金刚杵，外围四股杵从龙嘴中吐出，杵端与中间一股合拢。铃柄中间一朵圆雕莲花，上下阴刻覆莲瓣纹。铃体为覆钵式，呈八面瓜棱形，表面为浮雕装饰，与铃柄连接处刻一圈覆莲瓣纹。铃体主体部分交错排列有四件金刚杵和四大天王像浮雕，依稀刻有字迹。铃口为波浪状，八个棱角凸起，厚卷边略向外翻起。铃内无铃舌，就残留痕迹推测，或因年代久远已灭失。

文化上海·典藏

294

铜鎏金金刚铃

团龙纹玉带銙

BC1200	BC800	BC400	AD	AD400	AD800	AD1200	AD1600	AD2000

明洪武—正统（1368—1449）

■ 1994 年松江区圆应塔地宫出土
直径 6.7 厘米

■ 玉质纯洁无瑕，镂雕精细。玉雕团龙镶嵌在铜鎏金圆形带扣内。龙首昂于中央，张口呲牙，上唇向上翘起，上颚外露，梳形眉厚实，向后上扬，桥形角似飘带，龙发后扬，龙身以阴线作脊柱，身体肌肉线条刻画健硕，扭曲翻转向上，通体饱满圆润，展现出强劲的力量。

白玉龙穿牡丹纹玉嵌饰

明洪武—正统（1368—1449）

■ 1994 年松江区圆应塔地宫出土
边长 7.8 厘米，厚 1.1 厘米

■ 该嵌饰为方形透雕。方形边框内，一条龙昂首扬尾穿插于盛开的牡丹花丛中。龙作为主体，上颌前伸，
下颌短促，圆眼微凸，龙眉后扬，龙角向后分叉延伸，龙发飘逸，前爪前伸，似抓握，龙身布满鳞纹，
秃尾。龙身四周牡丹盛开，枝叶缠绕，花朵与枝叶层次分明，龙身主体突出，雕工精湛。

文化上海·典藏

296

白玉龙穿牡丹纹玉嵌饰

白玉持荷童子佩

明洪武—正统（1368—1449）

■ 1994年松江区圆应塔地宫出土
高5.7厘米，宽3.7厘米，厚2.2厘米

■ 童子面相圆腴，五官小巧可爱，以墨点睛。身上内穿肚兜，上系三道平行的蝴蝶结带，外披窄袖对襟衫，衣襟敞开，层层褶皱，自然流畅，下穿灯笼裤。右手持一鸟，左手执长梗荷枝，两片荷叶一张一合，搭于后背。整体形象生动写实，是一件少见的玉雕精品。

■ 玉雕持荷童子是宋代玉器中生活气息最浓厚的题材之一，其由化生演变而来，用玉制作，佩戴身上，以祈求早生贵子。该形象正是当时社会习俗在艺术作品中的客观反映，明代继续流行。

李塔

李塔位于上海市松江区石湖荡镇李塔街130号延寿寺内。传为唐太宗子曹王李明为苏州刺史时建，故以姓名塔。明天顺年间（1457–1464）重建，又名礼塔。为砖木结构的七级方塔，高40.94米。每层四面设壶门，砖木斗拱挑出檐口和平座。各层内、外墙面上嵌有200多尊砖雕佛像。

　　1995年李塔修缮时，对塔地宫进行了清理发掘。地宫正方形，北部砌三层台阶式供台，供台和地面上有序放置银佛像、银舍利塔、铸铁阿育王塔、石钵、银香炉及玉、水晶饰件等文物。

　　李塔2002年公布为上海市文物保护单位。

铜鎏金阿育王塔

BC1200	BC800	BC400	AD	AD400	AD800		AD1200	AD1600	AD2000

宋代（960—1279）

■ 1995 年松江区李塔地宫出土
通高 54.4 厘米，座宽 20 厘米

■ 铜铸，由托座、塔基座、塔身、塔刹几部分组成。托座四面浮雕覆莲瓣，坐下四个如意云状支脚。束腰上承托须弥座塔基，其下部浅浮雕仰莲瓣，中部斜线阴刻覆莲瓣，上部四壁面各阳刻佛像四尊。塔身四面镂雕佛本生图像，分别为萨垂太子舍身饲虎本生、尸毗王割肉贸鸽本生，快目王舍眼本生，月光王施首本生。四边角置迦楼罗（金翅鸟神）。塔刹四角山花蕉叶的内向凹成一龛，龛内各铸一尊力士像。外向部分以凸脊分为四个小框，框内为佛传故事图像，惜已模糊不清。塔刹中间立刹柱，有七级圆形相轮，刹顶为火焰宝珠。

铜鎏金观音菩萨立像

元代（1271—1368）

1995 年松江区李塔地宫出土
高 13 厘米，座边长 3.3 厘米、高 1.8 厘米

李塔地宫共发现造像14尊，其中观音立像仅此一尊，为实心铜铸观音。观音头戴宝冠，高高隆起。面相丰腴端庄，眉宇嘴角间流露丝丝笑意，慈祥亲切，透着观音大慈大悲、普度众生的慈悲之心。身披大袖长衫，项间佩戴璎珞，下着长裙，衣裙的褶皱整体用阴刻线条展现，线条流畅。双手置于腰间，右手执一弯柄如意，自然下垂，左手轻轻扣在右手腕上，跣足立于方形束腰须弥座之上，背后留有一段残钮。观音整体体态修长，身姿松弛，气韵舒展流畅，优雅动人，透着安详恬静之美。

铜鎏金观音菩萨立像

银鎏金罗汉像

| BC1200 | BC800 | BC400 | AD | AD400 | AD800 | AD1200 | | AD1600 | AD2000 |

明洪武二十一年（1388）

■ 1995 年松江区李塔地宫出土
  通高 13.7 厘米，底座宽 6.8 厘米，厚 4 厘米

■ 底座、造像分作，身体前后两片成形。罗汉圆面，大耳，眉目清秀。身着交领袈裟，手持锡杖，倚坐于覆莲座上。背部有铭文"云间四十一保霜子圩居奉佛弟子曹文俊上待祖母计氏二娘父曹子庄母陈贵一娘同妻陈氏四娘弟曹文得男曹枢陈机曹纪女玄妙合家眷□仲□荐小公仲（仕）名处陈公往生福境洪武二十一年夏四月吉日施银匠陆原震造"。

银佛坐像

| BC1200 | BC800 | BC400 | AD | AD400 | AD800 | AD1200 | AD1600 | AD2000 |

明天顺元年（1457）

■ 1995年松江区李塔地宫出土
通高11.2厘米，座径7.8—6.5厘米、高1.2厘米，背光高8.7厘米、宽5.8厘米

■ 佛像螺髻平缓，面相方圆丰满，身着圆领大袖袈裟，双手合十于胸际，结跏趺坐于椭圆形仰莲座上。火焰形身光，下部錾刻发愿文，内容为"大明国直隶松江府华亭县四十三保深字圩奉佛信士金守中同妻陆氏妙正天顺元年（1457）三月吉日造"。

银佛坐像

银佛坐像

BC1200	BC800	BC400	AD	AD400	AD800	AD1200	AD1600	AD2000

明代（1368—1644）

■ 1995 年松江区李塔地宫出土
通高 10.2 厘米，宽 7.5 厘米，座径 5.4—4.4 厘米、高 1.2 厘米

■ 莲座、佛像及身光分别捶打成型，插合成一个整体。低平圆帽形肉髻，面相方圆，大耳垂肩，鼻梁高挺，神态安详。身着通领袈裟，衣褶起伏自然，线条清晰流畅。双手施禅定印，结跏趺坐于椭圆形莲瓣座上。身后有镂空火焰形身光。背后铭文"奉佛信女闵氏妙善"。

银鎏金舍利方塔

BC1200　　BC800　　BC400　　AD　　AD400　　AD800　　AD1200　　AD1600　　AD2000

明代（1368—1644）

■ 1995年松江区李塔地宫出土
高14厘米，座边长6.3厘米

■ 银薄片捶揲，上下分两段子母扣合而成。做法为一层塔身内装藏有一只银舍利方盒，内装细小颗粒状舍利子。一层塔檐正好扣合在方盒上。此塔平面方形，由塔基座、塔身、塔刹三部分组成。基座须弥式，下有四如意云头状支脚，基座底有铭文"罗壹郎□□参军造"。塔身三层，其中第一、二层塔身四壁面镂刻卷草纹，上有塔檐。第三层塔身较一、二层塔身高，四壁面各开一佛龛，龛内各雕一尊佛坐像。佛螺髻，禅定印，结跏趺坐于莲瓣座上。塔刹四角为山花蕉叶，塔顶由仰莲葫芦宝珠组成。

银鎏金舍利方塔

琉璃高足钵

308

琉璃高足钵

| BC1200 | BC800 | BC400 | AD | AD400 | AD800 | AD1200 | AD1600 | AD2000 |

明代（1368—1644）

■ 1995 年松江区李塔地宫出土
高 17 厘米，口径 17.8 厘米，圈足径 9.8 厘米，壁厚 0.3 厘米

■ 通体透着琉璃的晶莹质感，直口微内敛，扁圆腹，喇叭形高圈足，腹部原有一条装饰带，已磨损不清。器型造型规整，形态沉稳，工艺精致。

石 钵

BC1200   BC800   BC400   AD   AD400   AD800   AD1200   AD1600   AD2000

明代（1368—1644）

1995 年松江区李塔地宫出土
高 14.3 厘米，口径 19.2 厘米，底径 7.3 厘米，壁厚 3 厘米

侈口，圆肩，深腹，小平底。器体极其浑厚，表面打磨光滑，石质本身带有灰白相溶的不规则自然纹理，使得石钵显得与众不同，别有风味。

石 钵

秀道者塔

秀道者塔位于上海市松江区佘山镇西佘山东麓，由山上潮音庵名"秀"的道者修建而得名。始建于北宋太平兴国三年（978），明万历年间重修。1997年，上海市文物管理委员会组织对秀道者塔进行了复原修缮，恢复了底层围廊、腰檐、平座等木结构。

　　秀道者塔砖木结构，七级八面，高29米，每层四面设壶门，砖木斗拱挑出檐口和平座。塔刹由铸铁仰覆钵、相轮、宝珠等组成。

　　修缮过程中，在天宫中发现了银鎏金供养人像、玉饰件、钱币等文物。

　　秀道者塔2002年公布为上海市文物保护单位。

银
鎏
金
供
养
人
像

银鎏金供养人像

BC1200	BC800	BC400	AD	AD400	AD800	AD1200	AD1600	AD2000

明代（1368—1644）

■ 1997 年松江区秀道者塔天宫发现
高 11.8 厘米

■ 中空。头发梳理整齐，面相端庄清丽。身着圆领大袖长裙，胸、肩部饰三朵桃形云纹，腰束宽带。双脚直立，双手曲于胸腹际。

图版索引

313

后　记

　　《上海出土文物精品选》是由上海市文化广播影视管理局、上海市文物局组织编撰的《文化上海·典藏》系列丛书中的一种。

　　本书汲选了200余件上海出土文物精品，它们不仅拥有极高的艺术价值，更是上海先民智慧的结晶、古代文明的象征，是历史的记录与物证。通过此书，我们期望能让更多的公众了解上海古代的文明成就，更加热爱这片有着深厚文化底蕴的热土。

　　本书编撰得到了上海博物馆、中国国家博物馆、南京博物院、青浦区博物馆、松江区博物馆等单位的大力支持。本书文稿由相关专业人员撰写，他们是苏强、陈杰、翟杨、何继英、黄翔、王建文、周云、杨雯磊、包燕丽、于颖、施远、马今洪、孔品屏、周丽娟等，在此一并致谢。

本书编委会

2015年6月

图书在版编目（ＣＩＰ）数据

上海出土文物精品选／上海市文化广播影视管理局，
上海市文物局编．－－上海：上海古籍出版社，2015.6
（文化上海·典藏）
ISBN 978-7-5325-7582-4
Ⅰ．①上… Ⅱ．①上… ②上… Ⅲ．①出土文物－上
海市－图集 Ⅳ．① K873.51
中国版本图书馆 CIP 数据核字（2015）第 065769 号

责任编辑：孙　晖
装帧设计：严克勤
　　　　　李晔芳
技术编辑：王建中

文化上海·典藏
上海出土文物精品选
上海市文化广播影视管理局
上海市文物局 编

上海世纪出版股份有限公司
上海古籍出版社 出版
（上海瑞金二路 272 号　邮政编码 200020）
(1) 网　　址：www.guji.com.cn
(2) E-mail：guji1@guji.com.cn
(3) 易文网址：www.ewen.co

上海世纪出版股份有限公司发行中心发行经销
上海界龙艺术印刷有限公司印刷
开本 787×1092　1/8　印张 40.5 字数 300,000
2015 年 6 月第 1 版　2015 年 6 月第 1 次印刷
ISBN 978-7-5325-7582-4/K. 2012
定价：488.00 元
如发生质量问题，请与承印公司联系